현대 정책학 강의

현대 정책학 강의

남 기 범 著

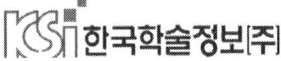

머리말

정책학을 강의한지 10년이 흐르면서 학생들의 관심을 자극할 만한 사례와 그림 자료가 잘 준비된 강의교재를 한번 만들어보겠다는 생각을 했습니다. 그리고 엄격한 의미의 정책을 담당하는 공무원이 아니더라도 조직에 속한 현대인은 순간순간 중요한 의사결정을 한다는 점에서 정책학은 쓸모가 있다는 생각을 갖고 있었습니다. 따라서 정책학을 관심갖고 있는 비전공자나 처음 전공을 공부하는 행정학전공자에게 좀 더 쉽게 다가갈 수 있는 교재를 만들고도 싶었습니다. 이러한 평소의 생각을 담아 이 책의 집필방향을 잡았습니다.

첫째 쉽게 읽을 수 있는 정책학 강의서를 쓰자.

둘째, 표와 그림 등 시각자료를 활용하여 이해를 돕자.

셋째, 생활속의 사례를 통해 친근하게 정책학을 접하도록 하자

넷째, 정책학의 관점을 이론을 공부하는 학자의 관점이 아니라 실제 정책 혹은 중요한 의사결정을 담당하는 담당자의 관점에서 정책학이 줄 수 있는 팁과 도움이 될 만한 개념을 소개하자.

이를 위해 정책학의 기초이론과 정책과정론의 두 편으로

나누어 모두 14개 장으로 내용을 담았습니다. 이는 14개 강의로 진행할 수 있도록 구성한 것입니다.

 아직 미흡한 부분이 많이 있지만, 이 책을 읽는 분들이 많은 조언을 통해 계속 수정·보완하고자 합니다. 마지막으로 이 책을 출판하는데 많은 도움을 준 분들께 감사드립니다.

수리산 아래 연구실에서
2006년 2월 남기범

차 례

제 1 편 정책학의 기초

제 2 편 정책과정론

표 차 례

그 림 차 례

제1편
정책학의 기초

제 1 장 정책학이란?

정책에 대한 본격적인 개념에 대한 이해는 다음으로 미루고 우선 정책을 '**정**부의 **책**략이나 대**책**'이라고 간단히 정의하고, 이러한 정책에 대한 연구가 어떤 동기에 의해 시작되었는가를 먼저 알아보자.

행정가가 무당(sherman)에 이은 인류의 두 번째 직업이라는 말에서 담겨 있듯이 행정이 아주 오래 전부터 존재해 왔다. 마찬가지로 정책도 고대로 부터 존재한 것으로 생각되는데 아리스토텔레스(BC 384-322)와 공자(BC 551-479)등이 왕의 정책에 자문해준 고사가 나타나고 있다. 그 이전 BC 21세기 메소포타미아의 우르시의 법전에서는 정책분석가(기호전문가라고 칭하였다)가 중요한 시기에 정책의 결과를 예측하는 책임이 있었다(Lasswell, A Preview of Policy Sciences, 11)고 전하고 있다. 그러나 학문으로서의 정책학은 행정학과 마찬가지로 20세기부터 시작되었다.

1. 정책학의 개념

정책학의 창시자인 라스웰(H. D. Lasswell)은 "정책학은 정책과정에 대한 지식과 정책과정에 필요한 지식을 다루는 학문이다"라고 언급한 바 있다. 정책과정에 *대한* 지식은 과정 그 자체에 관련된 지식으로서 정책이 만들어지고, 실행에 옮겨지고, 그 결과의 가치를 평가하는 일련의 과정에 관한 지식이다. 이에 비해 **필요한** 지식은 과정이 진행됨에 따라 필요한 전문분야의 지식을 의미한다. 환경정책과 관련된 필요지식은 환경문제를 다루는 전문분야의 지식, 예를 들어 환경공학, 생태학, 생물학 등의 분과학문분야의 지식을 의미한다. 결론적으로 정책학의 이론체계에는 과정이론과 내용이론을 모두 포함한다. 그렇지만 일반적으로 광범위한 정책과정에 필요한 지식에 관심을 집중하기는 어렵기 때문에 정책학은 의식적으로 정책과정에 대한 지식을 탐구하는 과정이론이 중심이라고 할 수 있다. 현대사회에서 일어나는 문제를 해결하기 위한 정책의 형성, 집행, 평가 등에 관한 이론과 방법을 연구하는 학문인 것이다.

2. 정책학의 연구목적

그렇다면 정책학은 어떤 이유로 연구하게 되었는가? 즉 정책학을 연구하는 목적은 무엇인가? 정책학은 순수학문이 아닌 응용학문의 목적을 달성하고자 한다. 우선 학문적 목적으로서는 학자들이 갖게되는 궁금증, 호기심을 해결하는 것을 목적으로 한다. 정책과 사회는 어떤 관계인가?, 독립변수이자 종속변수인 정책에 대해 문제를 제기하고 문제를 해결하는 목적을 갖고 있다. 즉 '사회는 어떻게 정책을 만들어

내는가?', '정책은 사회에 어떠한 영향을 미치는가?'의 두
가지 쌍방향적인 관계의 문제를 해결하고자 한다. 두 번째
목적은 실천적 목적이다. 정책학은 정책과정에 대한 지식을
기반으로 현실정책과정의 개선(합리성 제고)을 통해서 인간
존엄성의 실현을 목적으로 한다.

3. 정책학의 성격

위와 같은 목적을 달성하기 위해 정책학은 학문적으로 다
음의 성격을 지닌다.

첫째, 문제지향적(problem-oriented)이다. 정책학은 정책
과정을 시작케 하는 중요요소로서 사회문제를 제시하며, 문
제해결을 목적으로 한다.

둘째, 규범적(normative), 처방적(prescriptive) 성격을
지닌다. 약국의 조제실을 영어로 'prescriptive'라고 한다.
조제약이 환자의 건강상태를 회복시키기 위해 존재하는 것
과 같이 정책은 사회의 부정적인 측면을 교정하는 역할을
하기 때문에 정책학 또한 바람직한 사회상이나 건전한 사회
의 건설 등의 목적과 밀접한 관련을 맺게 된다. 또한 건강
한 사회를 만들기 위해서는 '건강한 사회가 어떠해야 한다'
는 식의 가치로운 사회상이 있어야 한다. 이러한 정책학의
특성을 규범적 성격이라고 볼 수 있다.

셋째, 정책학은 다학문적(multi-desciplinary)인 성격을

가진다. 정책이 다루는 문제가 매우 복잡하고 또한 다양한
관계자와 집단들과 관련되어 있기 때문에 여러 분야 학문의
전문지식과 관련을 맺게 된다.

4. 정책학의 발전

1950년대 라스웰은 '정책지향(policy orientaion)'이라는
논문에서 정책에 관심을 기울여서 사회내의 인간문제 해결
을 통한 인간존엄성을 회복해야 한다고 주장하였다. 그러나
이 시기에 사회과학의 과학화를 지나치게 신봉했던 행태주
의의 유행으로 큰 관심을 끌지는 못했다.

그러나 60년대말에 들어 탈행태주의(post-behaviorism)[1]
의 사조와 함께 새롭게 관심을 끌게 되었다. 빈곤과의 전쟁
(war on poverty)과 월남전 등으로 많은 사회과학자들은
외부적으로 드러난 사실만을 주요 연구대상으로 하는 행태
주의에 반대하고, 계량적인 자료에 기초한 의사결정에 과도
하게 의존하는 관리과학(management science)의 한계를
인식하였으며, 외부적으로는 표출되지 않지만 정책문제에
내재해 있는 역사적인, 사회적인 맥락의 중요성을 인식하게

---

1) 이를 후기 행태주의라고 부르는 학자도 있다. 이는 행태주의
   의 후기양상이라는 오해를 불러일으킬 소지가 있으므로 탈행
   태주의가 적합한 용어로 판단된다. 이러한 비슷한 사례가 탈
   냉전(post-cold war), 탈산업사회(post-industrial society)
   에서도 발견된다.

되었다.

이렇게 성장하는 정책학에 대해 라스웰은 정책에 대한 지식(Knowledge of policy)과 정책과정에 필요한 지식(knowledge in policy)의 두 분야를 연구내용으로 한다고 하였다. 그리고 연구의 성격으로는 문제지향성, 맥락성, 방법론적 다양성을 제시하였다.

이와 유사하게 드로어(Dror) '정책학의 파라다임'을 제시하였는데 묵시적 지식과 경험의 존중, 정책결정체제 및 방법에 대한 관심, 거시적 안목과 수준, 학문간의 경계타파, 순수연구와 응용연구간의 통합, 가치선택에 공헌, 청조성과 쇄신성의 강조, 시간적 요인의 중시, 초합리성의 강조, 변동과정에 대한 관심 등을 제시하였다.

5. 정책학의 내용

정책학의 내용은 여러 측면으로 설명할 수 있다. 여기서는 라스웰의 시각에서 제시된 과정을 중심으로 한 시각과 정책체계의 시각으로 나누어 논의해본다.

1) 정책과정을 중심으로 하는 내용의 이해

과정(process)은 무엇인가? 과정은 일반적으로 연속되는

여러 단계(step)로 구성된다. 예를 들면 학습과정은 '예습단
계 - 수업단계 - 복습단계'로 이루어진다. 또한 각 단계는
다양한 참여자들의 유사한 활동(activity)들로 구성된다.
즉, 각 단계는 공통점을 가지는 여러 활동들로 구성된다.
수업단계의 경우, 교수가 강의를 수행하는 것, 학생들이 수
업을 듣는 것, 학생들이 노트필기를 하는 것 등의 다양한
참여자의 다양한 활동이 하나의 단계를 구성한다.

 비교적 단순한 학습과정과는 달리 더욱 복잡한 정책과정에
대한 단계구분은 학자에 따라 매우 다양하다. 이 책에서는
여러 학자들의 견해를 기초로 다음과 같은 7단계로 제시한
다. 자세한 내용은 이후 정책과정을 논의하는 자리에서 설
명이 될 것이다.

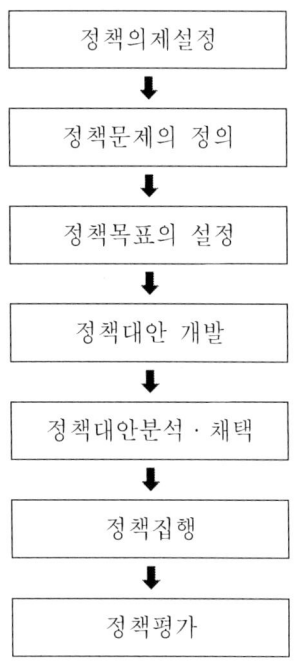

[그림 1] 정책과정

2) 정책체계의 시각에서 정책학의 내용

체계처럼 많이 쓰이는 단어도 드물다. '학교의 학생취업지원체계가 갖추어져 있지 않다'든지, 혹은 '어떤 이가 무슨 일을 체계적으로 한다'라고 말하는 예에서처럼 다양하게 사

용되고 있다. 체계의 일반적인 개념은 세 가지 개념구성요
소, '공동의 목적(goal)', '상호작용 (interaction)','하위체계
(subsystem)'의 세 가지 개념을 구성하는 요소로 개념을 설
명할 수 있다. 즉 체계는 '공동의 목적을 달성하기 위하여
밀접하게 상호작용하는 하위체계의 집합'이다. 이러한 체계
의 개념을 사용하여 정책학의 내용을 정리하는 것도 정책학
의 전체 틀을 이해하는데 도움을 준다.

'공동의 목적'이란 일반적으로 체계의 발전, 혹은 유지를
의미한다. '하위체계'는 체계를 구성하는 구성요소를 의미하
는데 투입하위체계, 전환하위체계, 산출하위체계 등으로 분
류한다. '상호작용'이라는 것은 목표달성을 위해 구성요소
간에 협동하는 것을 의미한다.

보통 체계론의 관점에서는 체계외부의 환경과 상호작용하
는 개방체계를 정책을 설명하는 데 사용한다. 이는 다음과
같은 그림으로 표현할 수 있다.

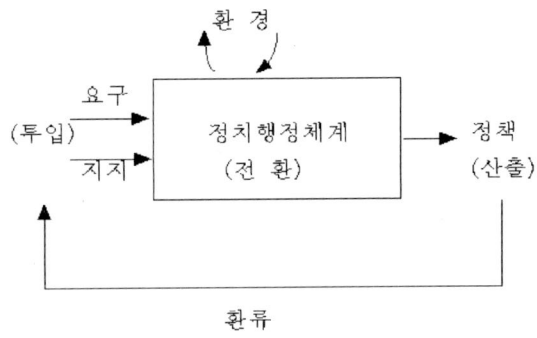

[그림 2] 정책체계의 틀

3) 과정론과 체제론의 통합: 책의 틀

앞에서 설명한 과정론의 시각과 체계론의 견해를 통합해서 정책학의 내용을 이해하는데 도움을 줄 수 있는 틀을 제시하면 다음의 [그림 3]과 같다.

과정론의 틀은 중앙의 네모 안에 위치한 여러 가지 단계로 표현된다. 정책의제를 설정하고, 정책의제에 대한 논의를 거쳐 정책문제를 정의하며, 정책문제를 기초로 정책목표를 설정한다. 다음으로 이러한 정책목표를 달성할 수 있게 하는 대안을 개발하고, 개발된 대안들을 다양한 분석을 통해 최적의 조합을 이루어 정책을 결정한다. 결정된 정책은 실행에 옮겨지고, 정책의 결과를 산출한다. 그 결과는 정책문제를 해결하거나 완화시키는 것이며, 혹은 정책목표를 달성하는 것이다. 이러한 문제의 해결 혹은 완화어부 또는 목표의 달성여부를 평가하는 정책과정의 단계를 7단계로 제시할 수 있다.

체계론의 시각은 수평적인 수준에서 설명할 수 있다. 사회문제에 대한 요구와 지지가 투입에 해당되며, 투입에 대한 다양한 활동들이 전환이며, 각 단계별로 중간산물과 정책집행결과를 산출로서 분류할 수 있다. 이제 정책학이라는 여행하는데 도움을 줄 지도를 와 나침반이 준비되었다. 이제 신대륙을 여행해보자.

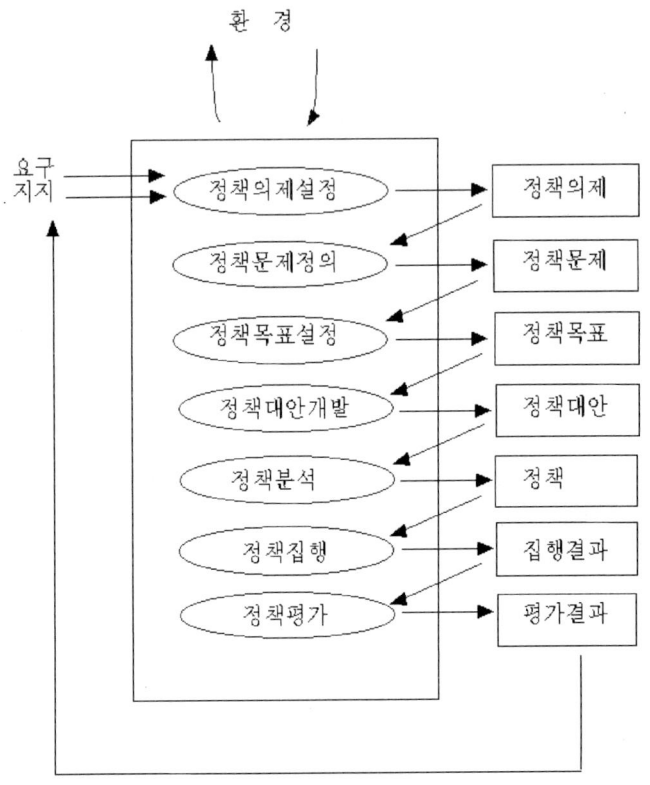

[그림 3] 정책학의 이해를 위한 분석틀

제 2 장   정책의 의의와 유형

1. 정책의 의의

 앞에서 정책을 '정부의 책략'이라고 간단하게 정의하였다. 여기서는 이를 토대로 정책의 정의를 좀 더 자세히 살펴보기로 한다. 우선 '정부의'라는 표현에 정책을 주관하는 주요 활동자가 정부라는 의미를 담고 있다. '책'은 대책, 혹은 대응책의 의미로 이해할 수 있다. 그렇다면 무엇에 대한 대응책을 말하는 것인가? 정책에서는 사회문제에 대한 대책을 의미한다. 결국 정책과정은 사회문제를 해결하는 과정인 것이다. 사회문제는 현재 진행형일 수도 있고 미래형일 수도 있다. 즉 지금 겪고 있는 문제일 수도 있으며, 나중에 부딪치게 될 문제일 수 도 있다. '략'은 전략을 의미한다. 전략 전술이란 말에서 전략은 전술에 비해 상위의, 중요한 결정을 의미한다. 따라서 추상적이고 난이도가 높은 성격을 지닌다. 이러한 설명을 기초로 정책의 개념을 상세하게 확장시키면 다음과 같이 정의할 수 있다.

 "정책은 현재 일어나고 있는, 혹은 일어날 사회문제를 해결하거나 완화하기 위하여 정부가 내리는 중대한 결정을 의미 한다"

그러나 실제생활에서 정책이라는 용어를 사용할 때는 상황에 따라 다양한 의미를 갖게 된다. 우선 '활동분야'를 의미할 때 사용하기도 한다. 교육정책, 환경정책, 보건복지정책이라고 사용할 때는 각 정부조직의 활동전체를 일컬을 때 사용하는 것이다.

둘째로 '정부사업이 추구하는 목적이나 바람직한 상태'를 지칭할 때 사용하기도 한다. 정책의 이름 앞에 바람직한 상태를 담고 있는 경우가 그러한 예가 될 수 있다. 저물가정책, 저실업정책, 고성장정책, 고금리정책 등의 예를 들 수 있다.

셋째로 '정부의 결정'을 의미할 때 사용한다. 특정한 문제에 대한 정부의 입장표명을 관련지을 때 사용한다. 특정한 문제에 대한 정부의 대응이 없는 경우를 정책의 부재라고 비판하는 경우가 이에 포함된다. 예를 들어 정책의 대표적인 예가 되는 베트남전 참전결정의 예가 전형적이다.

넷째로 하나의 목표를 가지는 정부사업(program; 프로그램)전체를 일컫기도 한다. 한정된 분야의 정부활동을 모두 지칭할 때 사용하는 개념이다. '소비자보호정책'은 '소비자보호국' 내지는 '소비자보호원' 등 정부조직의 활동을 총칭할 때도 사용하지만, 소비자보호를 위한 여러 가지 활동을 모두 지칭할 때도 사용한다. 여기에는 소비자교육, 조사, 연구 등의 다양한 정부기관의 활동을 모두 망라해서 지칭할 때도 사용된다.

다섯째로 정부의 개입을 의미할 때 사용하기도 한다. 사회

문제와 정책문제를 구별하는 기준은 사회내에 문제가 존재
할 때 정부가 나서는가? 그렇지 않은가?의 차이에서 구분되
는 데, 이러한 경우의 정책은 정부가 세금을 재원으로 강제
력을 사용하여 문제를 해결하는 것을 의미하는 것이다.

여섯째로 비정형적인 결정, 어려운 결정을 의미할 때 사용
하기도 한다. 정부조직 내에서도 많은 의사결정이 이루어지
지만 정책이라고 지칭할 때는 주로 상위직 공무원들이 하는
추상적이고, 비일상적이고 구조화되어있지 않는 전략적 결
정을 의미할 때 사용한다.

이 밖에도 많은 다른 의미들이 있을 수 있으나 이 책에서
는 앞서 제시한대로 사회문제와 이에 대한 정부의 대응이라
는 시각을 중심으로 정책이론에 대해 논의하기로 한다.

참고: 다양한 정책의 개념

Higginson
정책은 행동화하기 위한 하나의 지침

Thomas R. Dye
정부가 하기로 혹은 하지 않기로 결정한 모든 것

Y. Dror
정부기관에 의하여 결정된 미래의 행동지침

David Easton

전체사회를 위한 가치의 권위적 배분

Harold Lasswell

목적가치와 실행을 투사한 계획

I. Sharkansky

정부의 중요한 활동

2. 정책의 성격

위에서 정책의 다양한 의미에 대해 살펴보았다. 다양한 정책의 개념만큼이나 정책의 성격도 매우 다양하다.

우선 정책은 **문제해결을 지향한다**. 사회 내에 존재하는 여러 문제를 해결하는 것과 관련되어 있다. 따라서 문제를 해결하거나 완화한 상태를 목표로 삼고 이를 지향하게 되므로, 목표 지향적이다.

또한 현재의 문제는 현재의 사회내의 가치분배 상태에서 발생하기 때문에 정책을 통해서 이러한 분배구조를 변화시

커야 문제를 해결할 수 있다. 따라서 정책은 사회내의 **가치를 배분한다.** 이런 의미에서 정책을 '가치의 권위적인 배분'이라고 했던 David Easton의 개념규정은 의미가 있다.

정책은 **변동대응성**을 지닌다. 정책과정에서는 현재의 문제를 인식하고, 현재의 가치의 분배 상태를 바꾸고, 변화를 추진한다.

정책은 **인과성**이 있다. 정책문제를 파악하는 경우에도 문제현상의 원인을 파악하는 것이 중요하며, 그 원인을 변경함으로써 새로운 결과를 통해 문제를 해결하기 때문이다.

정책은 **공식성**이 있다. 공적 기구인 정부기관에 의해 추진된다. 따라서 강제성을 띤다. 물론 여러 다른 조직들도 참여하지만 정부가 주된 역할을 하기 때문이다.

정책은 **추상적이며 복잡**하다. 정책은 상위의 결정을 의미하듯이 매우 어렵고, 복잡하다. 불확실한 미래와 연결되어 불확실성은 매우 크며, 조직내부와 외부의 다양한 참여자들이 매우 복잡하고 다양한 이해관계를 갖고 있다.

3. 정책의 구성요소

정책은 필수적으로 정책목표와 정책수단, 정책대상자를 구성요소로 한다.

1) 정책목표

정부는 정책을 통해 사회문제를 해결하거나 공익을 달성함으로써 바람직한 사회를 실현한다. 이러한 바람직한 사회를 실현하기위한 개별 정책의 목표가 정책의 주요 구성요소다. 정책목표는 바람직한 상황을 제시함으로써 향후 정책집행의 기준이 되기도 하고, 집행된 후에는 평가기준으로서 활용된다. 정책이 펼쳐지는 범위에 따라 다양한 계층을 형성하기도 한다.

2) 정책수단

정책수단은 정책목표를 달성하기위한 구체적인 도구이다. 따라서 정책수단은 정책의 실질적인 내용이 된다. 정책수단을 선택하는 결과에 따라 정책목표가 달성될 수 있는지의 가능성이 결정된다고 해도 과언이 아니다.

이러한 정책수단에는 정책목표를 달성하는데 직접적으로 관련되는 실질적인 정책수단과 실질적인 정책수단을 실현시키기위해 마련되는 보조적인 정책수단으로 분류할 수 있다. 후자는 실질적인 정책수단을 실현하기 위하여 필요한 순응확보수단, 집행기구와 전담요원, 그리고 공권력 등이 포함된다(박성복, 이종렬, 141).

정책목표의 중요성, 정책환경, 정책수단의 활용에 동원할 수 있는 자원 등의 영향에 따라 정책수단이 선택되어야 한다.

3) 정책대상자

정책은 현재 혹은 미래의 문제에 대응하기 위하여 대상자의
행동이나 대상자에게 주어지는 혜택 등을 변화시켜야 한다.
따라서 정책대상자는 정책의 중요한 구성요소이다. 이러한
정책대상자는 정책과 관련하여 비용을 부담하는가 혹은 혜택
을 받는가에 따라 다양한 행동을 보인다. 따라서 정책은 다
양한 정책대상자의 가치와 행동에 대해 고려해야 한다.

4. 정책의 유형

정책을 분류하는 것은 정책유형에 따라 참여자, 환경의 영
향, 과정이 달라지기 때문에 분류된 유형을 통해 해당 정책
의 참여자들과 과정상의 특징, 과정상의 전략 등을 특징으
로 파악할 수 있다. 이를 파악하는 것이 정책결정자에게 필
요한 전략의 기초가 되며, 이론화의 기초가 된다. 여러 다
양한 기준이 있지만 여기서는 기능을 기준으로 했을 때의
분류와 참여자와 과정상의 특징을 중심으로 했을 때의 분류
를 정리해보기로 한다.

1) 기능별 분류

가장 전통적인 분류방법으로 정책의 유형으로는 국방정
책, 노동정책, 교통정책, 교육정책, 환경정책 등으로 분류된

다. 이 분류에 의한 유형구분은 국민들이 이해하기 쉽고, 접근하기 쉬우며, 통제하기도 쉽다는데 장점이 있으나 이론적인 실익은 거의 없다. 정책은 여러 부처가 관련되는 경우가 많다.

2) 참여자와 과정상의 특성에 따른 분류

Lowi는 정책과정의 참여자와 이들이 관련되어 만들어내는 과정상의 특성을 기준으로 분배정책, 규제정책, 재분배정책, 구성정책 으로 분류하였다. 가장 많이 인용되는 분류로서 이를 이해하기 위해서는 우선 활동과 대상을 이해하는 것이 중요하다.

(1) 배분정책

배분정책은 정부가 국민에게 권리나 이익, 서비스를 분배하는 내용을 지닌 정책이다. 사회간접자본의 구축, 수출보조금 지원, 농어업장려금 지원, 교육기관보조금 지원 등이 대표적인 예이다. 수혜집단은 특정한 개인이나 집단이며, 비용부담집단은 불특정한 일반 국민으로 세금을 내는 불특정 다수의 전체국민이다. 비용을 부담하는 대다수 국민이 관심을 기울일만한 연계가 없기 때문에 비용부담자의 활동성은 매우 미약하고, 반면에 분배를 받음으로서 혜택을 받는 소수의 특정인들은 소란스러우면 혜택을 받는데 지장이 생길 수 있으므로 외부에 갈등이 표출되지 않는 정도로 은밀하게 과정에 참여하게 된다. 다른 정책에 비해 과정상의 정치적 안정성이 매우 높다. 그리고 비용부담자와 수혜자간의 정면대결가능성이 적으며, 수혜를 받기위해 다투는 경우도 매우 드물다. 이른바 나눠 먹기(pork-barrel)와 밀어주기(log-rolling)등의 현상[2]으로 특징지워질 수 있다. 또한 이러한 이익분배구조가 유지될 수 있도록 관련 이해관계당사자간의 관계가 매우 긴밀하다.

참고: 분배정책과 철의 삼각형

Milton Friedman은 분배정책과 관련한 주요 행위자를 수혜자집단, 의회 상임위원회, 정부부처의 고위 공무원으로 보았고, 이러한 세 행위자의 관계를 철의 삼각형(iron triangle)이라고 불렀다. 그리고 철의 삼각형이 현상의 이익분배구조를 유지하려 한다는 점에서 현상유지의 폭군(the tyranny of status-quo)이라고 부르기도 했다.

"거대한 정부의 규모축소는 물론, 정부의 비대화를 지체시키는 것조차 사실 어려운 사업이다. 그것은 이러한 사업이 '철의 삼각형'이라고 불리는 커다란 벽으로 주위가 포위당하고 있기 때문이다. 이 삼각형의 첫각에는 법률에 의한 수혜자가 있다.

---

2) 밀어주기는 각각의 분할된 정책영역에서 수혜를 위해 다투기 보다는 수혜 받을 순서를 정해 지원해주어 경쟁을 회피하는 현상을 말한다. 반면에 나누어먹기는 서로 대등하게 혜택을 분배해서 갈등을 최소화하는 경우를 말한다.

> 두 번째 각에는 국회의 위원회와 그 참모들이 있다. 그
> 리고 세 번째 각에는 법률의 실시를 관장하는 관료기구가
> 위치하고 있다. 이 완강한 3대 폭군이야 말로 개혁반대의
> 장본인이다(M. & R. 프리드만, 55). "

(2) 규제정책

규제정책은 정부가 특정한 개인이나 집단의 재산권 행사나
행동의 자유를 구속, 억제하여 반사적으로 다른 사람들을
보호하려는 정책이다. 불공정경쟁규제, 식품위생법, 근로기
준법, 광고규제, 환경규제 등의 예를 들 수 있다. 비용부담
자는 규제를 받는 특정개인이나 집단이며, 수혜집단은 반사
적인 이익을 받는 국민, 혹은 주민 전체이다. 규제를 받아
서 개인의 재산권이나 행동의 제한으로 손해를 보게되는 비
용부담집단의 적극적인 반대활동으로 안정성이 매우 낮다.
따라서 정책과정이 원활하게 진행되기 위해서는 공권력이
필요하며, 법적 근거가 필요한 경우가 많다.

(3) 재분배정책

부의 분배 상태를 다시 조정하는 정책으로 소득이전을 목
적으로 하는 정책이다. 세입 면에서는 누진세제에 관련된
정책, 세출 면에서는 사회보장정책이 대표적인 예이다. 장
애인, 실업자, 노인, 빈민 등의 국가의 보호가 필요한 사람
에게 최소한의 생활을 유지할 수 있도록 정부가 지원한다.
특정한 부유계층이 비용을 부담하고, 특정적인 대상, 특히

요보호 대상자들이 수혜를 받게 된다. 재분배정책은 이념적인 문제와 깊이 관련을 맺고 있으며, 이데올로기에 대한 국민의 합의가 어느 정도인가에 따라 국가별로 안정도에 차이가 있다.

(4) 구성정책

구성정책은 헌정수행에 관한 운영규칙에 관련된 정책이다. 예로는 선거구 조정, 정부기구개혁, 공무원보수 등에 관련된 결정을 들 수 있다. 정책을 결정하고 집행하는 틀에 대한 정책이라 해서 '정책위의 정책' 혹은 '상위정책(meta-policy)'이라고 부른다. 국가별로 안정도에 큰 차이가 있다. 구성정책의 수혜자와 비용부담자는 공히 국민이지만 국민전체가 활동을 해서 결정을 할 수 없기 때문에 정당이 주로 정책과정의 주요 활동자로 역할을 수행한다.

3) 기타의 정책분류

Almond와 Powell은 체계론의 시각에서 배분정책, 규제정책, 추출정책, 상징정책으로 분류하였다. 이 중 추출정책은 정치체계의 유지를 위해 민간부문으로 부터 인적, 물적 자원을 이끌어내는 것과 관련된 정책이다. 또한 상징정책은 정치지도자들이 이념에 호소하거나 미래의 업적 혹은 보상을 약속하는 것과 관련되는 정책이다. Lowi의 분류와 비교하자면 재분배정책을 누진세(추출), 사회보장(배분)에 분리시켰다는 점에서 차이를 발견할 수 있다.

 Salisbury는 배분, 재분배, 규제, 자율규제정책으로 분류하였다. 자율규제정책은 규제대상이 되는 개인이나 집단에게 규제를 위한 기준설정권한을 부여하여 집행하도록 하는 정책이다.

 Ripley와 Franklin은 배분, 재분배, 보호적 규제, 경쟁적 규제정책으로 분류하였다. 보호적 규제정책은 일반대중을 보호하기 위해 정부가 규제하는 것을 의미하며, 경쟁적 규제정책은 경쟁자들 중의 일부에게 공급권을 주는 것으로 과도한 경쟁을 제한하는 경우가 포함된다.

[표 1] 정책유형별 특성

정책유형 분석기준		배분정책	규제정책	재분배정책	구성정책
주된 활동 단위		개인·기업	집단	연합조직	정당
참여자	수혜자	특정한 개인, 집단	불특정한 국민	평균소득 이하 국민	국민전체
	비용 부담자	불특정한 국민전체	피규제자	평균소득 이상 국민	국민전체
활동단위간의 관계		상호부조·상 호불간섭	협상	이데올로기 적	사안에 따라
활동단위간의 안정성		높다	낮다	매우 높다	국가별 편차
전문가·관계기 관의 역할		낮다	낮다	매우 높다	낮다
이익집단의 로비활동		대체로 높다 (은밀한 활동)	매우 높다 (매우 활발한 활동)	보통	낮다
의회상임위원 회의 역할		중요하다	비교적 중요하다	중요성이 없음	중요성이 없음
대통령의 역할		애원적	조정적, 수동적, 애원적	매우 중요	매우 중요

제 3 장 정부정책의 필요성:
시장실패과 비시장실패

1. 시장실패

시장은 재화나 서비스가 각 행위자의 자발적인 교환에 의해 이루어지는 메커니즘을 의미한다. 시장의 보이지 않는 손(invisible hand)은 수요와 공급이 만나는 점에서 가격이 결정되고 이러한 가격을 기준으로 거래가 이루어진다는 가정을 한다. 시장실패는 이러한 가격메커니즘이 제대로 작동하지 못할 때 발생한다. 시장실패는 정부개입의 논리 즉, 공공정책형성을 위한 논리를 제공해 준다. 여기서는 시장실패의 여러 유형을 살펴보면서 정부개입의 양상을 논의한다.

1) 공공재

재화를 분류하는 방식은 매우 다양하다. 여기서는 시장실패 논의에 적합한 소유의 배타성과 사용의 경합성을 기준으로 재화를 분류한다. 소유의 배타성이라 함은 한 경제인이 한 재화를 소유했을 때, 다른 경제인이 해당 재화를 소유할 수 없음을 의미한다. 사용의 경합성이라 함은 한 재화를 사용하기 위해 경쟁해야 하는가의 여부이다. 이러한 두

기준으로 재화를 분류하면 [그림4]와 같이 4가지의 재화로
분류할 수 있다.

		사용의 경합성	
		경합	비경합
소유의 배타성	배타성	사적재 (private goods)	유료도로재화 (toll goods)
	비배타성	공동우물재화 (common pool goods)	공공재 (public goods)

[그림 4] 재화의 종류

 사적재는 배타적으로 소유할 수 있고, 독점해서 사용할 수
있기 때문에 시장에서 수요와 공급의 균형에 의해서 결정
된 가격을 기준으로 교환된다. 그러나 소유의 배타성과 사
용의 경합성이 충족되지 못하는 재화는 비용을 지불하지
않고 혜택을 누릴 수 있는 무임승차(free-riding)가 가능하
기 때문에 정해진 가격에 구매하려 하지 않기 때문에 시장
에서 사회에서 필요한 적정한 수준으로 분배되지 못한다.
따라서 공공재는 정부가 공급해야 한다. 이러한 공공재의

공급에 대한 결정은 정부의 개입을 필요로 하는 정책의 영역이 된다.

사적재도 아니고 공공재도 아닌 재화유형을 총칭하여 준공공재라고 부른다. 이러한 준공공재는 위 [그림 4]에서 확인할 수 있는 것처럼 유료도로재화와 공동우물재화가 있다.

유료도로재화(toll goods)는 소유는 배타적으로 하지만 사용은 비경합적인 재화를 말한다. 영어명 toll에서 의미를 찾을 수 있는 것3)처럼 도로가 대표적인 예가 될 수 있다. 도로가 되는 땅은 전적으로 개인의 소유가 될 수 있다. 즉 자신의 이름으로 등기를 할 수 있다. 그러나 도로의 사용을 막기 위해서는 특별한 조치가 필요하다. 특별한 조치가 없는 경우, 즉 자신의 도로를 다른 사람이 자유롭게 사용한다면 개인들은 도로를 만들려고 하지 않을 것이다. 이러한 경우 사회적으로 필요한 수준까지 도로가 공급되지 않는다. 이 때문에 정부는 사회적으로 필요한 수준까지 도로를 공급하기 위해 개입을 할 필요가 생기는 것이다. 자신이 직접 공급하는 방식, 공기업을 만들어서 공급을 하는 방식, 민자유치를 통해 공급하는 방식 등을 통해 사회적으로 필요한 도로를 공급할 수 있도록 개입하게 됨으로써 정책의 영역이 된다.

---

3) toll gate는 자연적인 도로가 사용의 경합성을 보장해주지 않아 발생시키는 무임승차를 제거해서 공급자들의 수익구조를 보장하는 수단이다. 이를 통해 민간부문이나 공기업, 하위수준의 정부가도로를 공급할 수 있게 된다.

공동우물재화(common pool goods)는 반대로 소유는 비배
타적으로 하지만 사용은 경합하는 경우의 재화를 의미한다.
공동우물은 소유를 공동으로 하지만 사용하면 다른 사람이
사용하는 것을 막을 수 있다는 점에서 공동우물재화의 대
표적인 예가 될 수 있다. 이러한 경우 과잉소비의 경향이
일반적으로 발생한다. 즉 본질적으로 필요한 수준이상으로
재화를 소비하는 경향이 나타나 장기적으로 재화의 부족이
나 고갈상태의 문제를 발생시킬 가능성이 있다. 이러한 경
우의 문제에 대비하여 정부는 해당 공공재가 적정한 수준
에서 소비가 이루어지도록 개입할 필요가 발생한다. 따라서
정부는 공공재에 대한 사용규칙을 제정하고 사용규칙을 준
수할 것을 강제하기도 하며, 과도한 사용을 줄이는 다양한
방식, 예를 들어 부담금 등을 도입하여 적정수준의 소비가
이루어지도록 개입을 한다. 대기, 수질 등의 환경이 공동우
물재화의 대표적인 예가 될 수 있다.

2) 불완전경쟁: 독과점

시장이 온전하게 기능하기 위해서 필요한 전제중의 하나는
다수의 공급자가 존재하고, 다수의 공급자사이에 경쟁이 있
어야 한다는 점이다. 이러한 전제를 충족하지 못하고, 하나
의 공급자가 존재하는 경우를 독점(monopoly)이라고 하고,
소수의 공급자가 존재하는 상황을 과점(oligopoly)이라고 한
다. 이러한 경우 우월적인 지위를 갖는 독점공급자나 과점
공급자에 의해 가격이 책정되어 소비자가 일방적으로 피해

를 보는 경우가 발생할 가능성이 있으므로 정부는 이러한 상황이 발생되지 않도록 개입하며, 필연적 혹은 일시적으로 독과점인 경우에 정부가 우월적인 지위를 갖는 독과점 공급자의 행위를 규제해야 시장의 기능을 원활하게 유지시킬 수 있다.

사례 1: 공정거래위원회의 마이크로소프트에 대한 독과점규제

공정거래위원회는 2005년 12월 7일 미국 마이크로소프트와 한국마이크로소프트(이하 MS)의 시장지배적 지위 남용 등에 대해 프로그램 분리, 경쟁제품 탑재 등의 시정명령과 함께 약 330억원의 과징금을 부과했다고 발표했다.

공정위 강철규 위원장은 MS에 대한 시정명령 및 과징금 부과 결정을 밝히면서 "MS가 독점하고 있는 PC 운영체제에 윈도우 미디어 플레이어와 메신저 프로그램을 결합해 판매한 행위는 공정거래법 위반"이라고 지적했다.

MS는 PC 운영체제인 윈도우를 출시하며, 윈도우 안에 동영상과 음성 파일을 감상할 수 있는 윈도우 미디어 플레이어와 온라인을 통해 접속자들과 메시지를 주고 받을 수 있는 메신저 프로그램을 탑재해 판매했다. 또, MS는 서버 운영체제에 미디어 서버 프로그램을 결합해 판매함으로써 PC 서버 OS의 시장지배력이 미디어 서버 프로그램 시장으로 확대됐다.

공정위는 "MS 결합판매 행위가 미디어 서버, 미디어 플레이어, 메신저 등 소프트웨어 시장에서 경쟁기업을 축출하고 소비자의 선택권과 기술혁신을 저해하는 등 소비자 후생의 감소를 초래했다"고 지적했다. 공정위는 또, "MS가 윈도우에 미디어 플레이어와 메신저 프로그램을 결합 판매하여 미디어 플레이어 및 메신저 프로그램 시장에서의 경쟁을 저해했다"며, "2004년 8월 현재 MS 미디어 플레이어는 60%이상, 2005년 5월 현재 MS 메신저는 50.9%의 시장지배력을 보유하고 있다"고 밝혔다.

출처: www.itworld.co.kr

3) 정보불균형

시장이 원활하게 기능을 수행하여 사회 내에 적정한 수준의 재화와 서비스가 공급되기 위한 조건중의 하나는 완전정보의 조건이다. 즉 재화와 서비스에 대한 완전한 정보가 공급자와 소비자가 균형적으로 알고 있어야 한다는 것이다. 이러한 조건을 충족시켜야만 시장에서의 가격책정이 합리적일 수 있기 때문이다. 그러나 재화와 서비스에 관한 정보가 공급자와 수요자간에 완전하게 공유되지 못한 상태에서는 시장의 기능이 실패할 가능성이 많다. 이러한 실패의 상황을 '역선택(adverse selection)'과 '도덕적 해이(moral hazard)'의 두 상황으로 이해할 수 있다.

역선택은 재화와 서비스에 대한 계약이나 거래성사전의 정보 불균형 상황을 의미한다. 즉 정보가 완전하게 공개되었다면 소비자의 선택이 불완전하게 제공되었기 때문에 소비자의 선택이 바뀐 경우가 발생하는 것을 의미한다. 공급자나 소비자 일방이 잘못된 선택을 할 가능성이 커진다. 따라서 정부는 소비자의 선택을 잘못 이끌기 위하여 정보를 제공하지 않거나 왜곡하는 경우에 이를 규제하는 역할을 한다. 증권거래소의 공시제도, 주유소의 유가공시제도나 원산지표시나 유전자변형농산물에 대한 표시를 정부가 강제하는 것이 이러한 역선택을 줄이기 위한 정부의 역할의 한 예이다.

도덕적 해이는 계약이나 거래성사후에 정보가 불균형의 상황을 위마한다. 공급자나 소비자 일방에게 현저한 불이익을 가져다 줄 수 있기 때문에 사회적으로 비정상적인 재화와 서비스의 분배가 발생하게 된다.

사례 2: 원산지표시제도

 생산 활동의 세계화(Globalization)현상으로 2개국 이상에 걸쳐서 생산되는 물품이 증가하면서, 품질이 떨어지고 임금이 싼 국가의 저가 수입품과 OEM 방식으로 생산한 수입품이 국산품으로 둔갑하는 것을 방지하여 구매 과정에서 소비자가 피해를 보지 않도록 하고, 특정 지역 생산품(예 : 한국산 인삼) 또는 양질의 물품을 생산하는 자(국가)는 원산지를 표시함으로써 소비자로부터 우선 구매의 이익을 얻게 된다.

 우리나라의 원산지 표시제도는 1991년 7월 1일 부터 시행되고 있는데, 대외무역법령에 「원산지 판정 기준」, 「원산지

표시 대상 물품」, 「위반시의 벌칙」 등에 관한 규정을 두고
있고, 관세법령에는 통관시의 원산지 및 그 표시의 확인 및
시중 유통 과정에서의 단속 등에 관한 규정을 두어 운영하고
있다.

자료: www.customs.go.kr

4) 외부효과(externalities)

시장이 원활하게 재화와 서비스의 분배기능을 수행하기 위
한 조건중의 하나는 한 경제행위자의 경제행위가 다른 행위
자의 행위에 긍정적, 혹은 부정적인 영향을 미치지 않고 자신
에게만 귀속해야 한다. 그렇지 못하고 다른 행위자에게 영향
을 미칠 때 시장이 제대로 기능하지 못하는 상황이 발생한다.
이러한 상황은 긍정적인 외부효과(positive externalities)와
부정적인 외부효과(negative externalities)의 두 가지로 분
류된다.

긍정적 외부효과는 주행위자의 경제행위에 의해 다른 활동
자가 긍정적 편익을 얻는 것을 의미한다. 이런 경우 주행위
자에게 자신의 노력만큼의 편익이 돌아오지 않기 때문에 주
행위자의 공급노력이 적정한 수준으로 유지되기 힘들다. 따
라서 해당 재화와 서비스를 적정선으로 유지하기 위해서는
정부의 개입이 필요하다. 그렇지 않으면 해당 재화와 서비
스의 경우 과소공급의 문제를 발생하게 된다. 긍정적인 외
부효과의 예로서는 과수원과 양봉업자, 댐과 그 접경지, 개

발토지와 접경지 등의 관계가 있다.

부정적 외부효과는 반대로 주 행위자의 경제행위에 의해 다른 행위자가 부정적 편익을 얻게 되는 상황을 의미한다. 이런 경우 과잉공급과 소비가 발생한다. 적정수준의 공급과 소비가 이루어지도록 개입한다. 소음과 대기오염 등 각종 공해를 발생시키는 생산시설, 교통 혼잡을 유발시키는 거대 상업시설 등의 예를 들 수 있다.

5) 가치재의 분배

국가가 유지하기 위해서는 계층간 및 지역간 소득·재산 불균등의 심화에 따른 통합의 위기에 사전에 대응해야 하는데 시장기능에만 의존하면 부익부 빈익빈이 의미하듯 부의 분배정도가 더욱 양극화되는 현상이 나타난다. 따라서 이러한 경우 정부가 시장의 기능을 보완해서 통합의 역할을 수행해야 한다. 또한 자유로운 선택에 기초한 한 시장에서는 분배되기 어려운 가치재들을 공급해야 한다. 공공교육훈련제도, 공공주택제도, 공공탁아제도는 우선 계층간 소득 및 재산의 불균등을 교정하는 장치로 작용한다. 공공교육훈련제도나 공공주택제도 또는 공공탁아제도 등은 소득수준이 낮아 사립교육제도나 사립탁아제도를 이용하기 어렵거나 주택을 가지지 못하고 있는 노동자에게 보다 큰 혜택을 가져다 줌으로써 이들의 간접임금이 높아지고 이에 따라 사회 전체적인 소득 및 재산의 불균등을 완화시키는 작용을 한다. 이를 조건(endowments)의 균등화라고 할 수 있을 것이다. 이들 조건균등화 촉진의 사회제도는 다른 한편으로는 기회균등의 사회제도로서의 의미를 가진다. 즉 공교육은 부모의 재산이나 소득과 관계없이 각 개인이 자신의 능력과 적성에 따라 지식·기술·정보를 획득할 수 있도록 하는 기회균등제이며, 良質의 공공탁아시설은 남성과 여성간의 경제활동기회의 균등을 제공하며, 공공주택제도는 사회 각 구성원에게 주거공간 상의 기회균등을 보장하는 제도로서 기능하는 것이다.

시장실패를 좁은 의미로 해석하는 이들은 가치재의 분배문제는 시장실패의 영역이 아니라 시장의 본질적인 결함이라고 이야기 하기도 한다.

2. 비시장실패

시장실패는 정부개입의 논리 즉, 공공정책형성을 위한 논리를 제공해 준다. 시장의 효율성전제에 대한 실재적 및 잠재적 실패, 시장이 지니는 분배상의 취약점 때문에 시장의 기능에만 의존할 수 없다는 주장이 설득력을 갖는다. 시장기능에 의해 충족되지 못하거나 원활하게 충족되지 못하는 비시장 수요가 발생하는 것이다.

시장조직은 팔리는 산출물에 부과된 가격으로부터 그 수입원을 조달하나, 비시장조직은 헌금이나 세금 그리고 가격이 붙여지지 않은 다른 원천으로부터 그 주된 수입을 조달한다.(Wolf, Jr., 38) 비시장조직에는 다른 공공단체 및 비영리조직도 포함되지만 그 중에서 정부가 가장 큰 영향력을 발휘하므로 비시장은 흔히 정부와 같은 뜻으로 사용한다. 그렇지만 정부는 주로, 공직을 보유하는데 대한 정당성을 부여하는 수단인, 선거로 선출되거나 또는 선출된 사람에 의해 임명된 사람들로 구성되며 민간조직에는 주어지지 않는 강제력을 행사할 수 있는 권한이 정부에게는 주어진다.[4]

비시장개입의 형태로는 공공정책이라는 수단을 통하여 어떤 기관에다 특정 기능을 법률적으로나 행정적으로 부여하는 방식으로 이루어지며 구체적인 정부개입의 결과는 각종 규제업무, 순수공공재공급, 준공공재공급 또는 이전지출관리의 4가지 형태로 나타난다.

시장실패의 원인별로 정부개입의 형태를 정리하면 [표2]와 같다.

---

4) Amitai Etzioni는 사회문제에 대응하는 조직의 유형을 공공부문, 민간부문, 제3부문으로 나누고 이들의 차이를 사회문제를 풀기위한 자원을 동원하는 방법의 차이에서 설명한 바 있다. 공공부문은 강제성, 민간부문은 효용(utility), 제3부문은 규범(norm)으로 설명하였다. (Etzioni, 5-15).

[표 2] 시장실패의 유형에 따른 정부개입의 형태

시장실패의 원인			시장실패의 결과	정부개입
시장 기능 장애	독과점, 불황, 실업		기능장애	규제
시장의 외재적 결함	공공재와 준공공재	공공재	기능장애	공공재공급
		공동우물재화	과잉소비	규제
		유료도로재화	과소공급	준공공재공급
	정보의 불균형	역선택	소비왜곡	규제
		도덕적 해이	과소공급	규제
	외부 효과	긍정적 외부효과	과소공급	
		부정적 외부효과	과다소비	규제
시장의 내재적 결함	소득분배 및 가치재의 분배		기능장애	이전지출

그러나 시장이 실패 한다고 하여 정부가 개입하면 더 나은 결과가 반드시 이루어진다는 보장은 없다고 본다. 이러한 주장을 이론화한 학자가 Wolf이다. Wolf는 시장수요와 시장공급의 왜곡이 시장실패를 초래하듯이 비시장수요와 비시장공급의 왜곡은 비시장실패(정부실패)를 초래한다는 논리에서부터 비시장실패이론을 발전시켰다.

1) 비시장과 비시장산출물

비시장이라는 말은 정부라는 말과 혼용되어 쓰이고 있지만, 엄격히 구분하면 비시장이 정부보다는 조금 더 광범위한 개념이다. Wolf는 정부를 의도적으로 사용하려고 하고 있다. 비시장 산출물이란 정부의 산출물 즉 정부의 각종 정책(공공서비스)라고 정의한다.

2) 비시장산출물의 수요와 공급의 특징

(1) 비시장산출물의 수요특징

비시장산출물에 대한 수요는 다음과 같은 특징을 나타낸다.

첫째, 시장실패에 대한 일반인들의 인식이 고조되어 있다. 시장실패(환경오염, 소득불균형)에 대한 인식의 고조가 정부규제에 대한 수요를 유발시키는 요인이 되었다.

둘째, 정치적 조직화와 정치적 권익신장이 영향을 미친다. 이제까지 정치과정에서 소외되고 소극적이었던 이익집단들이 정치적으로 조직화되었을 뿐 아니라 적극적인 활동으로 정부에 압력을 행사할 수 있게 되었다.

셋째, 정치적 보상구조가 왜곡되어 있다. 정부시정조치의 필요성이 정치과정에서 정치인들이 무책임하게 정부활동의 확대를 요구하려는 왜곡된 현상을 가져왔다.

넷째, 정치행위자들은 시간할인율이 일반인에 비해 매우 높다. 정치인들의 짧은 임기는 즉흥적인 발상과 지나친 과

장을 가져와 높은 시간할인율을 초래하여 무분별한 정부활
동팽창의 요인이 되었다.

다섯째, 비시장 산출물은 편익과 부담의 분리되어 있다.
편익을 누리는 집단과 비용을 부담하는 집단이 다를 경우
비시장수요 창출요인이 된다.

(2) 비시장산출물의 공급특징

이에 비하여 비시장 산출물은 다음과 같은 공급특징이 있다.

첫째, 산출물의 정의하고 측정하기가 어렵다. 이런 경우 조
직의 목표대치가 생길 수 있으며, 비효율을 유발할 수 있다.

둘째, 단일원천에 의해 생산된다. 독점적인 정부와 비시
장기구에 의한 생산을 통해 경쟁 없이 생간과 공급이 지속
되면 비시장산출물의 질에 대한 평가를 어렵게 한다.

셋째, 생산기술이 불확실성하다. 비시장산출물은 그 정의
와 측정이 어렵고 생산기술이 알려져 있지 않으며, 불확실
하고 애매모호하다.

넷째, 최저선 또는 종결 메커니즘이 결여되어 있다. 비시
장 산물출과 관련하여 업적평가를 위한 뚜렷한 기준이 없
고, 일단 한번 시작된 산출의 공급을 종결하는 메커니즘이
불분명하다. 일종의 관료제적 관성(bureaucratic inertia)이
작용한다.

3) 비시장실패의 유형

이미 설명한 비시장 산출물의 공급특징과 수요특징에 의해서 다양한 유형의 비시장 실패가 나타난다. 이러한 비시장실패의 유형으로는 비용과 수익의 분리, 내부효과, 파생적 외부효과, 분배불공평 등이 있다.

(1) 비용과 수익의 분리

수입이 활동비와 연결되어 있지 않으면 비효율이 발생할 가능성이 커지며, 비시장실패가 초래될 가능성이 크다.

(2) 내부효과(internality)와 조직목표추구

내부효과란 비시장조직의 내부에서만 적용되는 목표로서 사적인 조직목적과 같은 의미로 사용된다. 내부성의 구체적 목표는, 예산확보를 위한 노력, 최신기술에의 집착, 정보의 획득과 통제와 같은 세가지 형태로 나타난다.

(3) 파생적 외부효과(derived externality)

파생적 외부효과란 시장실패를 시정하려는 정부개입이 초래하는 예기치 않은 결과를 뜻한다.

(4) 분배상의 불공평(distributional inequity)

시장활동에서의 불공평문제는 소득과 부에 관한 것이지만 비시장활동(정부정책)으로 인한 불공평은 권력과 특혜에 관한 것이다. 편익과 비용의 분리는 이와 같은 분배적 불공평을 초래하는 주요한 요인이다.

3. 시장실패와 비시장실패의 시사점

시장실패이론의 핵심은 시장실패를 개선하기 위한 정부의 대응책이든 사회적 가치판단에 따른 정부의 대응책이든 간에, 왜 그러한 정부의 대응책(정부정책)이 의도하는 대로 잘 추진되지 못하는가 하는 것은 정책집행의 문제와 깊은 관계가 있다고 본다. 또한 비시장실패이론은 그것의 극복방안으로서 시장요소의 가미를 암시해 주고 있는 것처럼 비시장기능을 개선하기 위해서는 시장과정과 유인책이 필요하다는 것이다.

Wolf의 시장실패이론은 그 주요부문들이 관료제의 역기능과 공공부문의 특성으로부터 나온다. 그는 경제학자로서 정책연구에 관심을 가지고 시장실패를 시정하기 위한 정부실패에 관한 연구에 공헌을 하였고, 비시장실패를 해결하기 위하여 시장요소를 가미할 것을 적극 주장하였다. 그러나 정부실패는 시장요소의 가미로만 해결될 수 있는 것은 아니다. 비시장실패를 시정하기 위해서는 현재 우리 사회가 상당히 개방화되고 민주화가 된 시점에서 "비시장적"노력에도 주의를 기울일 필요가 있는데 공익단체의 활동이나 의식있는 주민들의 행정통제 감시의 활성화 등이 그것이다.

우리나라의 경우 그동안 비시장실패를 시정하기 위하여 행정에 경영(시장요소)기법의 도입(예를 들면 지방자치단체의 경영수익사업, 제3섹터 등)이 있었고 '지방자치단체의 경영'이라는 말이 일상화 될 정도로 비시장실패를 해결하기 위한 노력이 있었지만 근본적인 해결책은 아니었다고 생각된다.

위에서 언급이 있었지만 비시장실패를 해결하기 위해서는 시장요소의 도입뿐만 아니라, '비시장적'노력이 동시에 고려되어야 하나고 본다.

제 4 장   정책모형

모형과 모델(model)은 우리주위에서 흔히 사용하는 단어이다. 이러한 단어들을 학문분야에서 사용하면 어렵게 느끼는 것이 사실이다. 그러나 우리가 흔히 사용하는 생활속의 용례를 이해하면 그 개념을 구성하는데 도움을 받을 수 있다. 우선 플라스틱모형(플라모델이라고 줄여부른다)과 의상모델을 들 수 있다. 플라스틱 모형은 플라스틱을 사용해서 원형을 줄여 간단하게 만든 것을 말한다. 여기에서 모형의 개념을 유추하는데 '본래의 것을 줄이고, 간단하게 하는 것'이 포함되어야 함을 알 수 있다. 또한 의류모델은 의류의 특성을 잘 나타내기 위해서 의류를 착용하고 활동하는 모습을 보여주는 사람을 일컫는다. 여기에서 우리는 모델의 목적이나 기능을 이해할 수 있다. 모델은 의류의 특성을 잘 드러나게 하기에 적합한 체형을 가져야 한다. 이 때문에 의류모델들은 대부분 마르고 키가 큰 사람들인 것이다. 따라서 모형을 사용해 본래의 것이나 본래 현상을 크기를 줄이거나, 복잡한 것을 단순하게 제시하거나 만드는 이유는 원래의 것의 특징을 잘 드러나게 하기 위한 것이다.

모형(model)이란 실제 생활의 어떠한 사물이나 현상을 단순화시켜 표현한 것(a simple representation of something)이다(Dye, 19). 이러한 개념을 확장해서 정책모형의 개념을 정의하면 '정책현상을 단순화시켜서 표현한 것'으로 이해할 수 있다.

만약 아주 복잡한 정책현상을 복잡한 그대로 이해하려 한다면 이해하기 어려울 뿐만 아니라 불가능할지도 모른다. 정책현상이 복잡하다는 것은 정책과정에 참여하는 참여자가 매우 다양하며, 다양한 참여자가 각기 다른 가치와 인식체계, 정책선호와 목표를 갖고 상호작용하기 때문이다. Sabatier(1999: 3-4)는 정책과정이 복잡함을 다음과 같은 원인으로 설명했다. 첫째, 정책과정에는 수많은 행위자가 있다. 이익집단과 중앙 정부기관으로부터 다양한 수준의 지방정부, 또 입법기관, 연구자와 언론 등이 잠재적으로 서로 다른 가치와 이해관계. 상황인식과 정책선호를 가지고 있다. 둘째, 또한 정책과정은 정책사안별로 다르지만 대부분의 정책들이 문제가 출현하는 시점부터 종결되고, 그 효과나 영향을 평가하는 데 걸리는 시간범위가 최소 10년이 넘는 경우가 일반적이다. 셋째, 어떤 정책(policy) 영역이든 대기오염통제나 건강정책과 같이 다양한 수준의 정부가 운용하는 여러 다른 하위정책(program; 사업)영역이 있다는 점이다. 넷째, 입법청문회나 소송, 행정규제에 대한 제안 등의 경우에서 행위자간의 정책논쟁에는 문제의 심각성, 원인, 정책대안의 효과나 영향에 대해 기술적인 문제가 내포되어 있다. 정책과정을 이해하기 위해서는 전체정책과정에서 이러한 논쟁의 역할에 주목할 필요가 있다. 마지막 요인은 가치, 이해관계, 재정, 권위주의적인 강제 등에 대한 논쟁이다. 따라서 참여자들은 자신들에게 유리한 상황을 만들기 위해서 관련된 증거를 선택하여 사용하고, 상대방의 주장을 왜곡하고, 상대방을 압박하는 등의 현상이 나타난다.

여기서 다루고자 하는 모형들은 매우 복잡한 사회현상인 '정책'을 단순화해서 이해하는데 도움을 주는 개념적 모형들이다. 이러한 정책모형을 이해하면 다음과 같은 점들에서 유익하다.

첫째, 공공정책에 대한 사고를 단순화하고 체계화한다.

둘째, 정책문제의 중요 문제들을 확인한다.

셋째, 공공정책에서 무엇이 중요한지를 제시함으로써 이에 대한 이해의 증진을 도모한다.

넷째, 공공정책에 대한 설명과 그 결과의 예측한다.

많은 학자들이 다양한 모형을 제시했지만 여기서는 Dye의 정책모형(Understanding Public Policy)을 중심으로 논의하기로 한다. Dye는 정책과 관련된 모형으로 제도 모형(institutionalism model), 과정 모형(process model), 집단 모형(group theory model), 엘리트 모형(elite theory model), 합리 모형(rationalism model), 점진 모형(incrementalism model), 게임이론 모형(game theory model), 체제 모형(system theory model)으로 분류하여 제시하였다. Dye는 아무 기준 없이 나열식으로 설명하였지만 여기서는 이해를 돕기 위해 세가지 군으로 나누어 설명하기로 한다.

> - 일반모형: 제도모형, 과정모형, 체제모형
> - 합리성을 기준으로 분류한 모형: 합리모형, 점진모형, 게임이론모형
> - 권력을 기준으로 분류한 모형: 집단모형(다원모형), 엘리트모형

우선 일반모형을 살펴보자. 일반모형은 어느 정책에도 함께 적용되어 설명할 수 있는 정책모형들이다.

1. 일반모형

모든 정책을 설명하는데 사용될 수 있는 일반모형에는 제도모형, 과정모형, 체제모형이 있다.

1) 제도모형: '제도의 결과물'로서의 정책

제도적인 차원에서 정부기관은 정책연구의 오랜 관심 대상이었다. 전통적으로, 정책학은 정부기관이나 제도의 연구로 정의되어 왔었다. 정책은 이러한 시각에서 볼 때 정부기관에 의해 권위적으로 결정, 집행, 강제되는 것이다. 즉, 정책이 정부제도 내지 기관과의 밀접한 관련을 맺고 있음을 강조하는 것이 제도론적인 시각의 특징이라고 하겠다.

정부기관은 정책에 대하여 정당성(legitimacy), 보편성(universality) 그리고 강제성(coercion)을 부여하는 기능을 한다. 이 모형에서는 정부제도의 구조와 정책간의 연계에 관해서는 많은 관심을 갖지 않았다. 그 대신, 제도로는 정부조직의 여러 구성기관들에 대한 헌법적이고 법률적인 구조와 기능, 임무의 상세한 서술에 주된 관심을 가졌다. 정부기구는 개인이나 집단행위의 구조화된 유형으로서 중요 정책의 결과를 수반하게된다. 그러므로 제도론적인 시각을 통해서 각 제도와 특정정책의 내용간의 관계를 분석, 파악할 수 있게 된다.

이러한 제도 모형이 정책 연구에 도입됨으로써 주의해야 할 점은 정책에 대한 제도의 영향여부 및 그 내용은 어디까지나 실증의 영역에 속한다는 점이다. 제도의 변화가 정책의 변화를 가져온다는 가정을 과신해서는 안 된다. 왜냐하면, 경우에 따라서는 제도적인 측면에서의 구조 이외에 다른 환경적 요인이 정책에 더 큰 영향을 미칠 수도 있기 때문이다. 만일 정치, 경제, 사회적 환경이 불변이라면, 그러한 제도적 구조 변화는 정책에 아무런 영향을 미치지 못 할 것이기 때문에 우리는 정책에 대한 제도적 구조의 영향을 검토함에 있어서 신중을 기해야 한다.

요약하면 제도모형에서 정책은 '제도의 결과물'로 정의되며, 좋은 정책을 만들어내기 위해서는 좋은 제도가 필요하다고 주장한다. 좋은 제도는 분명한 임무기술과 기능이 중복되지 않은 제도를 의미한다. 따라서 제도모형에 입각한 연구들은 현 제도의 분석과 유사한 외국의 제도에 대한 분석을 통해 대안이나 제안을 만들어낸다.

2) 과정모형: '과정의 산물'로서의 정책

정치학에 있어 정치과정과 행태는 수십 년에 걸쳐서 중요한 논의의 대상이 되어 왔다. 제2차 세계 대전이후로 현대 '행태' 정치학은 선거인, 이익 집단, 입법자들, 대통령, 관료, 판사, 그리고 기타 정치적 행위자들의 행태를 연구해 왔다. 그러한 연구의 주된 목적 가운데 하나는 그런 정치적 행위의 독특한 유형들을 파악하고자 하는 것이었다.

최근에 와서 몇몇 정치학자들은 그들의 행태유형이 정책과의 연관성에 따라 분류하고자 노력해 왔었다. 그러한 결과, 다음과 같은 정치과정(political process)이 나타나게 되었다.

- 문제 인식: 정부 행위에 대한 요구
- 정책대안작성: 정책 계획안의 제안 및 문제해결을 위한 정책 계획안의 발전
- 정책의 정당화: 대안의 선택, 정치적 지지의 확보, 입법화
- 정책 집행: 관료제의 조직화, 보수 및 서비스의 제공
- 정책 평가: 계획 연구, 산출 및 영향에 대한 평가와 보고, 변화와 조정 대안 제시

요컨대, 이상과 같은 정책과정론적인 시각에서 본다면 정책이란, 문제 인식, 대안 작성, 정당화, 집행, 평가의 일련의 정치적 과정이라 할 수 있다. 하지만, 이러한 일련의 과정들을 연구되어져야하는 내용으로 보기보다는, 발전되고 집행되고 변화되는 하나의 과정(process)으로 이해하는 것이 보다 바람직하다고 하겠다.

이상에서와 같은 정책형성을 위한 단계적 과정들의 이해에 있어서 주의해야할 점은 이러한 논의가 항상 현실적으로 타당한 것은 아니라는 것이다. 즉, '정책이 이루어지는 방법이 정책의 내용에 영향을 끼친다'는 명제와 또는 그 반대의 경우에 있어서도 마찬가지로 꼭 그렇다는 결론을 내릴 수 없을 뿐만 아니라 실증을 요한다는 것이다.

요약하면 정책을 '과정의 산물'로 규정하는 모형을 과정모형이라고 한다. 과정은 유사한 활동들로 묶인 '단계'들의 연속으로 이루어진다. 즉 정책과정은 '문제인식', '정책대안작성', '정책의 정당화', '정책집행', '정책평가' 등의 단계로 구성된다. 다시 말해서 각 단계들은 다시 여러 유사한 정책활동으로 이루어진다. 따라서 좋은 정책을 만들어내기 위해서는 좋은 과정이 있어야하고, 이는 다시 여러 단계들을 잘 진행해야 한다는 말이 되며, 환언하면 각 단계들을 구성하는 정책관련 활동들이 건전하고 활발해야 한다는 주장으로 귀결된다.

3) 체제모형: '정치행정체계의 산출'로서의 정책

체제 모형은 환경으로부터의 투입요소 예컨대, '요구'나 '지지',등에 의한 영향력에 대한 정치체제의 반응으로 정책을 이해하는 것이다. 여기서 환경이란 정치체제경계외부의 어떠한 여건이나 상황을 뜻하고, 정치체제란 사회를 위한 가치의 권위적인 배분의 기능을 하는 상호 연관된 구조와 기능을 갖춘 집단으로 이해할 수 있고, 그 결과 정치체제의 권위적인 가치의 배분으로서 정책이 '산출'되는 것이다.

이러한 과정을 그림으로 나타내면 다음과 같다.

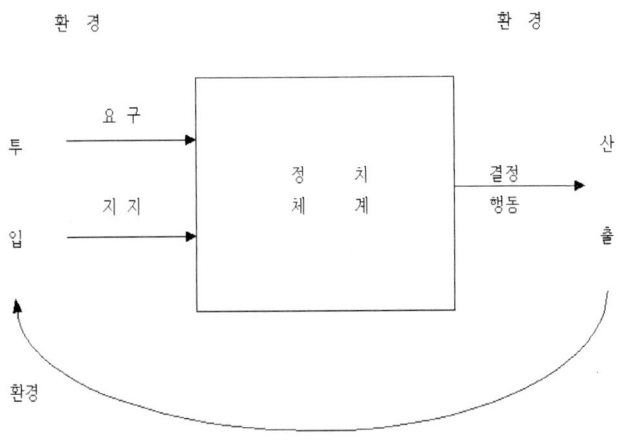

[그림 5] 체제모형

체제모형은 공공 정책을 정치체제의 산출로 본다. 체제란 개념은 전 사회에서의 요구와 지지를 수용하며 권위적인 결정을 수행하는 기능을 하는 제도나 활동이다. 또한 환경과 상호작용 함으로써 그 자신을 유지하는 속성을 지니고 있다. 정책분석에 있어서 체제 모형이 갖는 가치는 다음과 같은 특징 때문이다. 우선 체계모형은 정치체제의 주요 환경변수와 투입요소로서의 요구나 지지를 정책으로 전환해내는 정치체제의 특성, 그러한 특성이 정책에 미치는 영향, 환경적 요소와 투입이 정책에 미치는 영향, 피드백(feedback)을 통해 공공 정책이 환경이나 정치체제에 미치는 영향 등을 분석할 수 있다. 요컨대, 체제모형에 있어서 정책결정과정이란 정책을 매개체로 한 정부와 국민간의 유기적 관계 속에서 투입(input) → 산출(output) → 피드백(feedback)으로 이어지는 일종의 체제로 이해되며, 정책은 그러한 과정의 결과로서 나타난 산출의 일부로 파악할 수 있다.

2. 권력을 기준으로 한 모형분류

권력을 기준으로 정책에 대한 두가지 시각이 나뉜다. 하나는 정책과 관련하여 권력을 하나의 집단이 가지고 있으며, 이를 통해 정책과정에 영향력을 주로 행사한다는 논리로 권력을 접근한다. 이러한 권력을 소유한 하나의 집단을 엘리트라고 부른다는 점에서 '엘리트모형'이라고 부른다. 다른 하나의 시각은 정책과 관련하여 권력은 다양한 집단이나 개인에 나누어져 있고, 정책과 관련된 다양한 참여자의 권력 혹은 영향력에 의해 정책이 결정된다고 보는 입장이다. 이러한 접근에서는 다양한 집단이 매우 중요한 역할을 함으로 중요한 분석대상이 된다. 따라서 이를 '집단이론 모형'이라고 부른다. 우선 집단이론 모형에 대해서 이해해보자.

1) 집단이론모형: '집단간 영향력의 균형'으로서의 정책

집단 이론에서는 집단간의 상호 작용을 핵심요소로 본다. 공통의 이익을 지닌 개인들은 자신들의 요구를 정부에 대해 관철시키고자 공식적으로든 비공식적으로든 단체를 이루게 된다. 정치학자인 D. Truman의 견해에 따르면, 이익집단이란 사회내의 다른 집단에게 자신의 특정 주장을 하는 공통된 태도를 지닌 집단을 의미하며, 만약 그들의 주장의 대상이 정부기관일 경우 그러한 이익 집단은 정치적 성격을 띠게 된다고 한다. 개인은 집단이익의 일부로서, 또는 집단의 이익을 대표하여 행동하는 경우에만 정치적으로 중요성을 지니게 된다. 집단은 개인과 정부간의 필수적인 교량 역할을 하는 것이다.

정치란 바로 정책에 영향을 미치는 이러한 집단간의 투쟁인 것이다. 정치체제의 역할은 그런 집단간의 갈등을 관리하는 것인데, 다음과 같은 방법이 동원된다.

첫째, 집단간의 투쟁에 있어서 게임의 규칙을 제정

둘째, 제 이익들의 타협 및 균형유지
셋째, 정책의 형태를 띤 타협 내지는 협상의 수행
넷째, 그러한 타협의 강제

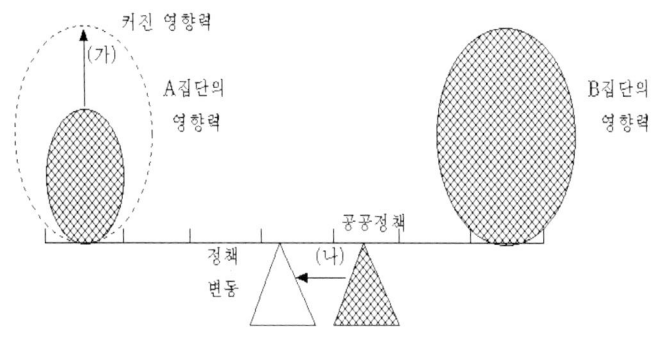

[그림 6] 집단모형

이상의 집단 이론의 시각에 입각하여 정책체계를 보면 특정시정에서의 정책이란 '집단간의 투쟁을 통해서 도달한 균형'을 의미한다. 이러한 균형은 이익 집단간의 상대적 영향력에 의해 결정된다. 어떠한 이익 집단의 상대적 영향력의 크기의 변화는 정책의 변화를 초래할 수 있나. 또한 이러한 영향력의 크기는 구성원의 수, 재력, 조직력, 리더십, 정책결정자에의 접근, 내적 응집력 등에 의해 결정된다고 볼 수 있다.

집단의 영향력은 불변의 것은 아니기 때문에 변화가 필수적이다. 영향력의 변화에 따라 균형점이 이동하면 정책이 변화하는 것으로 설명한다. 위의 그림에서 A집단의 영향력이 (가)의 방향으로 커진다면 두 집단의 균형을 위해 중심이 (나)의 방향으로 이동한다. 이는 A집단에 우호적인 정책으로 변화함을 의미한다는 것이다.

요컨대 의미 있는 모든 정책 활동에 대한 설명을 집단 투쟁과 관련시켜 이해하려는 집단 이론적 시각에서 본다면, 정책결정자는 경쟁적인 영향력 있는 집단들의 요구들 사이에서 협상과 조정을 통해 지속적인 집단압력에 반응하는 사람으로 이해되며, 정당이란 이러한 집단의 연합(coalition of groups)으로 이해된다. 그리고 여러 이익집단들의 극심한 투쟁 속에서도 사회가 유지되는 힘내지는 원인으로 다음의 세 가지 이유를 들 고 있다.

하나는 사회에는 헌정체제를 유지시키고 게임규칙을 지배하는 보편에 가까운 대규모 잠재적 집단(latent group)이 존재한다는 것이며, 두 번째로는 사회 구성원으로서의 한 개인은 적어도 둘 이상의 집단에 소속되어 있다는 것이며, 마지막으로 집단 경쟁으로부터 야기되는 상호견제 그 자체가 체제의 균형유지에 기여한다는 것이다.

2) 엘리트모형: '엘리트집단의 선호'로서의 정책

엘리트론적인 시각에서는 정책이 일반 국민의 요구를 반영한다는 것은 신화에 불과하고 실제로는 극소수의 통치 엘리트의 선호 또는 가치의 표현이라고 본다. 또한 정책은 엘리트로부터 대중에게 일방적, 하향적으로 요구되는 것이며 엘리트에 대한 대중의 요구는 없다고 본다.

엘리트 모형의 특징을 간추리면 다음과 같다.

첫째, 사회는 권력을 가지고 있는 소수와 그렇지 않은 다수로 나누어지고, 단지 소수의 사람들만이 사회를 위한 가치를 배분한다. 대중은 정책을 결정하지 못한다.

둘째, 정책결정 엘리트와 정책집행엘리트는 무관심과 정보왜곡으로 특징 지워지는 환경 속에서 활동하게 되므로 수동적인 대중을 광범위하게 통치할 수 있게 된다.

셋째, 지배하는 소수는 대중의 대표가 아니다. 엘리트들은 사회의 상류 사회경제적 계층으로부터 충원된다. 따라서 엘리트 집단들은 고소득, 고학력, 고신분 등의 특성을 지닌다.

넷째, 비엘리트가 엘리트 위치로 올라가는 속도는 매우 느리며, 엘리트집단은 안정성을 계속 유지하며 격동적 변혁은 회피하려 한다. 엘리트들로부터 기본적 합의를 얻은 비엘리트들만이 통치집단에 입단하게 된다.

다섯째, 엘리트들은 사회체제의 기본적인 가치와 체제유지를 위한 일치된 의견을 가지고 있다.

여섯째, 공공정책에는 대중의 요구가 아니라 엘리트들에게 지배적인 가치가 반영되어 있다. 정책의 변화는 급진적이라기보다는 점진적이다.

일곱째, 활동적인 엘리트들은 대중으로부터 거의 영향을 받지 않는다. 대중에 대한 엘리트들의 영향력의 정도는 엘리트에 대한 대중의 영향력의 정도보다 더 크다.

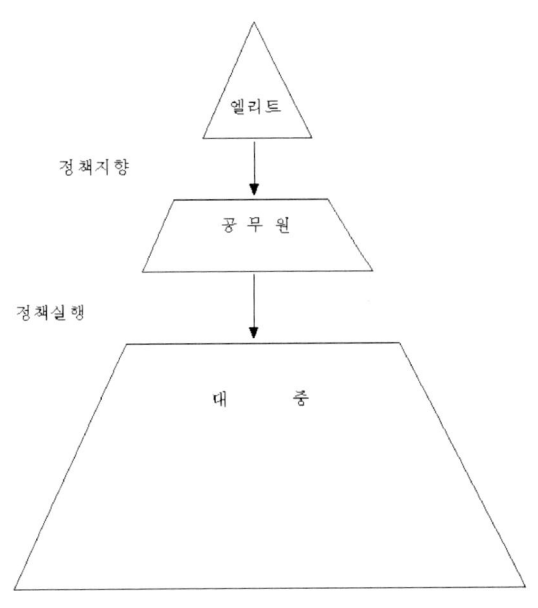

[그림 7] 엘리트모형

이상과 같은 엘리트 이론이 정책분석에 있어서 함축하는 바는 다음과 같다.

첫째로, 정책에는 엘리트의 이익과 가치가 반영되는 것만큼 일반국민들의 요구는 반영되지 않는다. 따라서 정책의 변화가 일어나는 때는 엘리트의 자기 자신들의 가치에 관해 새로운 정의를 내릴 때다. 엘리트들의 주된 관심중의 하나가 체제유지이므로 엘리트들은 보수주의적 성향을 띠게 마련인데, 그 까닭에 정책변화의 성격은 혁명적이라기보다는 점진적이게 된다. 정책체제의 근본적 변화는 체제를 중대하게 위협하는 사건이 터지거나, 자기 발견적 관점에 입각하여 엘리트들이 체제와 그 속에서의 자신들의 위치를 유지하기 위한 개혁을 제도화시키고자 할 때 일어난다. 엘리트들의 가치는 대중을 위한 것일 수도 있다. 단, 그 출발이 대중 자신들의 요구에 의한 것이 아니라 엘리트의 필요에 의한 것이라는 점에 주의해야 한다.

둘째로 엘리트주의는 대중을 거의 수동적이며, 무관심하고 왜곡된 정보를 갖고 있다고 본다. 그래서 대중의 감정은 엘리트에 의해 아주 쉽게 조작되어 진다. 또한 의사소통의 방향도 일방적인 하향식으로 흘러 대중선거나 정당체제는 대중의 통치를 불가능하게 한다.

엘리트주의는 또한 사회체제 그 자체의 지속뿐 아니라 엘리트들이 동의하고 있는 근본적인‘게임의 규칙’으로서의 사회규범에 대한 공감대의 형성에 의해 체제의 안정과 생존이 가능하다고 하며, 정책대안의 결정은 공유하고 있는 가치에의 합당성 여부에 의한다.

3. 합리성을 기준으로 모형분류

합리성은 이성에 부합한가의 여부를 의미한다. 따라서 합리성은 분석을 기초로 해서 달성할 수 있다. 이러한 합리성과 관련하여 정책은 크게 두 가지 입장에서 접근할 수 있다. 하나는 정책과정이 정책목표를 달성하는 수많은 대안을 개발하여 검토하고, 그중에서 가장 적은 비용으로 큰 효과를 볼 수 있어야 한다는 '합리모형'의 견해이다. 다른 하나는 이러한 합리성의 추구가 현실상에서 제약이 많기 때문에 합리성을 무제한적으로 추구하는 것은 어려우며 따라서 현실적으로 가능한 방식으로, 과거의 유사한 결정을 약간만 변화시킨 방식으로 이루어진다는 '점증모형'이다. 이에 비해 합리모형을 다양한 결정주체가 있는 경쟁상황에서 분석하는 것이 '게임이론 모형'이다.

1) 합리모형
  : '사회적 수익을 극대화한 결정'으로서의 정책

합리적인 정책이란 사회적 이익의 극대화를 달성하는 정책이다. 즉, 달성하고자하는 가치와 희생되어야하는 가치와의 차이가 긍정적이고 다른 어떤 정책대안보다 나을 때에 그것은 합리적인 정책이라고 할 수 있는 것이다. 합리모형은 이러한 합리성에 기초하여 주어진 목표를 가장 효율적으로 달성하게 하는 것이다. 합리적인 정책을 채택하기 위해서는 정책결정자들은 다음과 같은 다섯 가지 사항에 주의해야 한다.

첫째, 사회내의 모든 가치의 선호도와 상대적 비중을 알아야 한다.

둘째, 모든 정책 대안들의 활용가능성을 알아야 한다.

셋째, 각 정책 대안들의 모든 결과를 알아야 한다.

넷째, 각 정책 대안들의 비용과 편익 분석이 가능하여야 한다.

다섯째, 그 가운데 가장 효율적인 정책 대안을 선택한다.

이러한 합리성은 전체적인 하나로서의 사회내의 가치 선호도를 모두 알 수 있다는 것을 가정한 것이다. 즉, 사회적 가치들의 완전한 이해가 필요하다. 또한 합리적 정책은 가능한 정책 대안들에 대한 정보와 예견적 능력 및 비용 편익 분석을 정확히 해낼 수 있는 능력과 의사결정체계를 필요로 한다. 하지만 이상과 같은 합리적 의사결정을 위해서는 많은 장애요소들이 존재한다. 다음은 그러한 장애요소들 가운데 중요한 것들을 나열한 것이다.

첫째, 일반적으로 인정된 사회적 편익(societal benefit)의 존재하지 않는다.

둘째, 비용과 편익의 정확한 분석과 비교 및 비중 측정의 불가능하다.

셋째, 정책결정자들의 정책결정동기에 의해 제약된다. 정책결정자들은 사회적 가치의 목적 달성보다 그들 자신의 권력, 부, 재선거 등 보상의 극대화를 위한 노력에 치중한다.

넷째, 정책형성자들의 정책형성동기는 사회적 이익의 극대화보다는 진보를 위한 여러 요구(demands)의 만족에 그친다.

다섯째, 기존 계획이나 정책수행에 필요한 거대한 투자로 말미암아 새로운 대안의 고려를 어렵게 만든다.

여섯째, 가능한 정책 대안과 결과 및 그 유용성을 위한 정보채집에 시간적인 제약이 있다.

일곱째, 물리, 생물학적 과학뿐만 아니라 사회, 행태과학에서의 예견적 능력의 불충분한 발달로 인한 제 비용/편익 분석의 어렵다.

여덟째, 결과 예측의 불확실성으로 인해 정책결정자들이 과거의 정책에 얽매이게 된다.

아홉째, 대규모 관료조직에서의 분할된 정책결정이 의사결정의 조정을 어렵게 하고 있다는 점 등이다.

2) 점증모형
: '과거의 결정을 약간만 변화시킨 결정'으로서의 정책

점진 모형에서의 정책은 단지 약간의 변형이나 수정을 통한 과거 정부 활동의 연속이라고 할 수 있다. Charles E. Lindblom은 이러한 점진 모형의 최초 주창자인데, 그에 의하면 정책결정자들은 기존의 정책이나 새로이 제시된 정책

을 검토하거나, 사회의 목적을 확인하고 이를 달성하기 위
한 정책 대안의 비용/편익 분석과 함께 순편익(net benefit)
의 극대화라는 조건하에 선호 우선 순위를 고려하고 모든
연관된 정보를 기초로 하여 전 범위에 걸친 분석을 1년마다
하는 것이 아니라, 실제로는 여러 가지 시간, 정보, 비용 등
의 제약 조건으로 인해 합리적이고 포괄적인 정책형성이 불
가능함을 알기에, 다소 보수적인 과정을 통해 정책을 결정
한다고 한다.

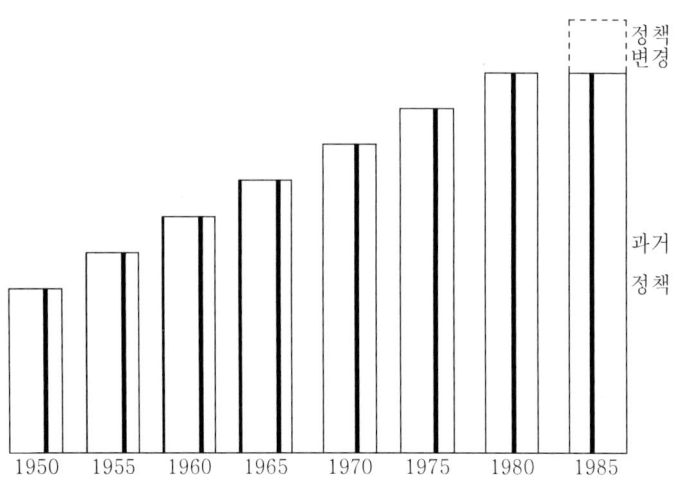

[그림 8] 점증모형

점진주의는 기초(base)라고 여겨지는 기존 프로그램, 정책, 지출 등에 대해서는 보수성을 띠고 있으며, 주요한 관심은 새로운 프로그램과 정책 및 현행 프로그램들의 증감과 변형에 집중되어져 있다.

정책결정자들은 일반적으로 기존의 정책에 대해 정당성을 부여하고 이전의 정책을 관습적으로 수용하고 있다. 이에 대한 논거로서 점진주의 모형에서 제시하고 있는 것들은 다음과 같은데, 결국 이러한 주장이 점진모형의 핵심이라 할 것이다.

첫째, 정책결정자는 시간, 정보, 비용의 제약조건으로 인해 모든 정책대안을 완전무결하게 다 파악할 수 없으며, 각 대안에 대한 정확한 예측능력에도 한계가 있다는 점이다.

둘째, 정책결정자는 새로운 정책을 지향함으로써 초래하게 되는 불확실성에 대처하기보다는 과거정책에 의존함으로써 보다 안전한 길을 선택하려한다는 점이다.

셋째, 기존 정책에 이미 투자된 상당액의 매몰 비용(sunk cost)때문에 정책결정자는 정책대안을 고려함이 없이 기존의 질서 체제에 거의 무리 없이 받아들여진 대안들을 선택하려 한다는 점이다.

넷째, 점진주의는 정치적으로 편리한 방도이다. 왜냐하면 새로운 대안이나 정책의 결정에 수반되는 갈등과 혼란을 감소시킴으로써 정치체제 그 자체의 유지에도 유리한 점을 제공해 주기 때문이다.

사회적 목적이나 가치에 대한 합의가 없는 경우에는, 점진주의 모형에서와 같은 논리로 다원화된 사회 내에서 정부가 기존의 정책을 지속해 나가는 것이 특정 사회목적을 향해 전 범위에 걸친 정부의 정책을 수행해 나가는 것 보다 수월할 것이다.

참고: 혼합주사모형

Amitai Ezioni는 점증모형과 합리모형을 선택적으로 사용하는 의미에서 혼합주사모형(mixed scanning model)을 주장했다. 결정유형을 근본적인 결정과 지엽적인 결정으로 분류했다. 근본적인 결정은 뿌리(root)의 비유로 설명할 수 있는데 중요한 만큼 시간, 인적자원, 물적자원, 정보 등을 충분히 투입하여 합리모형의 결정을 수행하는 것이 좋다. 한편 지엽적인 결정은 가지(branch)로 비유되는 결정유형인데, 과거의 유사한 결정을 기초로 점증적으로 결정할 것을 주장했다.

3) 게임이론모형: '경쟁자가 있는 상황에서 수익을 극대화한 결정'으로서의 정책

게임이론은 둘 혹은 그이상의 상대방이 각자의 선택에 따라 서로 영향을 주고받으면서 결과가 나타나는 상황[5]하에서의 합리적 의사결정이론이다.

합리모형과 비교할 때, 합리모형의 의사결정이 어떤 개인이나 단체의 독립적 의사가 중심인 반면, 게임이론에서는 그러한 결정이 언제나 상대방의 결정과 관련하여 상대적인 것으로 파악한다는 점이 두드러진 특징이라 하겠다.

게임이론에서 중요한 개념은 '전략(strategy)'이다. 정책결정자들의 선택과 관련된 모든 상황을 파악할 수 있다는 전제하에서 '최대손실의 극소화' 또는 '최저이익의 극대화'를 위한 정책대안의 선택이 곧 이러한 전략으로서 가장 합리적으로 여겨지게 된다. 최대의 이익을 초래할 가능성은 높으나 최대손실을 가져 올 우려도 높은 대안은 최종 선택 가능성에서 배제된다. 게임이론의 시각에서 본 정책체계의 한 특징으로서 보수성이 지적되는 이유도 바로 여기에 있는 것이다.

또한 우리가 게임이론에서 주의할 점은, 일반적으로 정책결정자가 모든 상황을 완전히 파악할 수 없는 현실적 제약조건과 함께, 상대방의 행위예측이 상당히 어려운 점을 감안해야 한다는 것이다. 다만 게임이론은 정책결정자가 실제

---

5) 이러한 상황을 게임이라고 부른다. 게임이론에서 주요 분석대상이 되는 게임의 상황은 국제적인 갈등상황이었다. 그러나 둘이상의 경쟁자가 존재하는 게임상황은 개인의 일상생활, 기업간의 경쟁에서도 쉽게 발견된다. 이러한 내용은 류성렬 옮김, Avinash Dixit & Barry Nalebuff(1995)의 책의 제목 (*Thinking Strategially: The Competetive Edge in Business, Politics and Everyday Life*)에서도 잘 나타나 있다.

로 어떠한 결정을 내리는가를 설명해 주는 것이라기보다는 경쟁 상황 하에서 전략적으로 어떠한 결정을 내리는 것이 유용할 수 있는가를 설명해 주는 분석수단으로 이해하는 것이 바람직하다.

전형적인 게임의 사례를 통해서 게임이론에 대해 기초적인 것을 이해해보자. 처음 사례는 게임이론에서 가장 많이 사례로서 언급되는 '수감자들의 딜레마(prisoner's dilemma)' 사례이다.

이 사례는 공범으로 추정되는 두 명의 구치소 수감자가 서로 각기 다른 방에서 범죄사실을 조사받고 있는 상황의 게임이다. 이 사례를 통해서 게임이론을 이해할 때 중요한 몇 가지 개념을 우선 확인해보자. 첫째, 게임의 참여자이다. 수감자들의 딜레마 게임에서는 '수감자 1'과 '수감자 2'가 게임의 참여자이다. 둘째 개념은 대안(alternatives)이다. 각각의 수감자는 두 가지의 대안을 갖고 있다. 두 가지 대안은 자백을 하는 것과 자백을 하지 않는 것이다. 세 번째 대안은 대가(payoff)이다. 각 참여자들은 자신이 선택한 대안에 따라 대가를 가져간다. 물론 이 대가는 상대방 참여자의 행위에 영향을 받는다. 각 칸은 각 참여자가 선택한 대안에 대한 대가가 표기된다. 앞의 대가는 세로축의 참여자가 가져가는 대가이며, 뒤의 대가는 가로축의 참여자의 대가이다.

수감자A

자백　　　자백하지 않음

	10년	30년
자백	10년	0
	0	3일
자백하지 않음	30년	3일

수감자B

[그림 9] 게임의 사례: 수감자의 딜레마

둘이 모두 자백하면 각각 10년형을 받게 되고, 만약 A는 고백하고 B는 함구하면 A는 무죄로 풀려나고 B는 30년형을 받게 되며, 반대로 B가 고백하고 A가 함구하면 B는 무죄, A는 30년형을 받는다. 또 A와 B가 모두 자백하지 않으면 3일 구류를 살고 풀려난다고 할 때 A와 B가 자기 이득만 위해 의사결정을 한다면 다 같이 고백하게 돼 모두 10년형을 받게 된다는 것이다. 그러나 A와 B 모두를 위해서는 같이 함구해 3일씩 구류를 받고 나오는 더 좋은 전략이 있으니 이를 '수감자들의 딜레마'라 한다.

　이러한 사례에서 게임이론모형이 줄 수 있는 효용을 확인할 수 있다. 우선 게임 참여자의 입장에서 쓸모가 있다. 실제 생활의 복잡한 경쟁상황, 대치상황에서 관련자들의 이해관계를 단순하게 표현해줌으로써 관련자들의 선택을 용이하게 해준다는 점에서 가치가 있다.

또한 게임의 분석에서 제시되는 대가(payoff)를 조정함으로서 게임 참여자들이 사회적으로 바람직한 행위를 할 수 있도록 유도할 수 있다는 점에서도 기여하는 바가 있다. 사례의 게임에서 자백시 얻을 수 있는 대가가 크면 클수록 사회적으로 바람직한 결과를 얻어낼 수 있을 것이다. 이러한 가치를 다른 사례를 통해서 다시 한 번 확인해보자.

남편

	프로야구경기	발레공연
프로야구경기	10 5	0 0
발레공연	7 7	7 10

아내

[그림 10] 게임의 사례: 부부의 주말스케줄게임

두 번째 게임은 '부부의 주말스케줄 게임'이다. 게임참여자는 남편과 아내이고, 남편과 아내가 주말시간을 즐기기 위해 선택할 수 있는 대안은 발레공연과 프로야구 경기관람이다. 남편은 프로야구 경기관람을 선호하고, 아내는 발레공연을 선호한다. 따라서 남편은 아내와 함께 프로야구 관람을 하는 경우에 대가(10)가 가장 크고, 다음으로 혼자 프로야구 경기를 관람하는 것(7), 다음으로 아내와 함께 발레 공연을 보는 것(5)의 순서로 대가가 결정된다. 아내의 경우는 그 반대로 남편과 함께 발레를 보는 것(10)이 가장 대가가 크며, 다음으로 혼자 발레 공연을 보는 것(7), 남편과 함께 프로야구를 보는 것(5)의 순으로 대가가 결정된다.

이러한 경우 단 한번의 주말 스케줄이라면 상황이 달라지겠지만 계속되는 주말스케줄이라면 한번은 프로야구를 함께 보고, 다른 한주는 발레공연을 함께 가는 것이 부부의 대가의 합을 가장 극대화하는 것이다. 이러한 경우의 대가의 합은 (10+5)+(5+10)로 30이다. 남편과 아내에게 각각 가장 큰 대가를 주는 발레와 프로야구를 각각 관람하는 경우는 (7+7)+(7+7)로 28이다. 따라서 부부는 한 주는 함께 프로야구를, 한 주는 함께 발레공연을 보는 것이 부부에게 가장 큰 효용을 주는 것이다.

이 게임을 혐오시설 빅딜게임을 분석하는 데 활용할 수 있다. 남편의 자리에 서울시 구로구, 아내의 자리에 광명시로 참여자를 바꾼다. 그리고 각각의 대안을 생활폐기물처리시설, 하수종말처리시설로 해서 게임을 가정하고 분석할 수 있다. 이러한 경우 광명시와 구로구가 함께 혐오시설을 건설하여 이용할 때의 대가를 크게 하면, 즉 중앙정부에서 지원을 확대한다면 사회적으로 바람직한 혐오시설의 빅딜로 인한 비용감소를 더욱 확실하게 달성할 수 있을 것이다.

사례 3: 광명시와 구로구의 혐오시설 빅딜

서울시 구로구와 광명시는 지난 2000년 혐오시설인 생활폐기물소각처리시설(광명시 가학동 산 16의1, 최대처리규모 1일평균 300 t)과 하수종말처리시설(서울시 강서구 마곡동 91, 최대처리규모 1일평균 256만 t)을 빅딜을 통해 건설, 50대50의 부담으로 사용해 오고 있다.

이같은 빅딜의 효과는 첫째로 재정적인 면에서 광명시는 당시 하수처리장 건설비용 1천655억원, 서울시는 소각장 건설비용 603억원을 절감한 것으로 분석됐다.

둘째로, 광명시, 서울특별시 및 구로구 등 각 자치단체는 환경기초시설빅딜에 의하여 구로구 소각장을 건설하지 않게 됨으로써 구로구 소각장건설 예정지 인근 광명시 6개동 13만여명의 집단민원을 일시에 해결하게 되었으며, 광명시 내부적으로도 하수처리장을 건설하지 않게 되므로서 하수처리장건설 예정부지 인근 광명동 주민 5만명의 혐오시설 반대 집단민원을 사전 예방할 수 있게 되었고 광명시에서는 하수처리장 부지에 국민체육진흥공단으로부터 '경륜장' 건설계획을 유치하여 세수확충을 기할 수 있게 되었고 구로구에서도 소각장건설 부지에 농수산물유통시설 등을 검토하고 있는 것으로 알려지고 있는데, 이는 환경혐오시설 건설을 둘러 싼 자치단체와 자치단체간 또는 자치단체 내부 주민간의 님비현상과 갈등을 슬기롭게 극복한 일례로서 지방자치경영혁신사례로 평가받고 있다.

출처: 백제현, 2001.

4. 여러 가지 시각에서 얻을 수 있는 시사점

이상의 모형들은 어느 하나의 것을 지적하여 최선의 것이
라 할 수 없다. 그러므로 상호 배타적이기보다는 각 모형들
을 상호 보완적으로 이해하는 것이 바람직하다. 각 모형들
은 정치생활의 어느 한 측면에 논의의 초점을 맞추어 접근
하여 공공정책의 각각 상이한 측면들을 분석함으로써 우리
들로 하여금 다양한 시각에서 정책을 바라볼 수 있는 시각
을 제공해 주고 있으므로 이들을 종합적인 견지에서 하나하
나 이해하고 포괄할 수 있어야 한다.

제 5 장   정책환경과 참여자

1. 정책환경과 참여자에 대한 이해

정책체계를 둘러싸고 있으며 밀접하게 영향을 주고받는 일체의 외부요소를 환경이라고 한다. 정책연구에서 환경을 주제로 삼는 경우의 문제의식은 정책산출연구 혹은 정책영향요인연구에 집중된다. 즉, 어떤 환경적인 요인이 정책과정에 영향을 주는가의 시각, 어떤 환경요인이 정책과정에 어떻게 영향을 주는 가의 관심이 대부분이다.

안해균 교수는 환경은 무형의 힘과 유형의 환경으로 분류하였다. 무형의 환경은 정치행정문화, 공익, 사회경제적 여건이며, 유형의 환경으로는 구체적 행위자(정당, 이익단체, 언론기관)를 제시하였다. 이는 참여자논의에서는 비공식참여자에 속하게 된다.

유훈 교수는 사회경제적 요인, 정치적 요인으로 설명한 바 있다.

김형렬 교수는 정치, 경제, 사회문화, 자연환경으로 정리하였는데, 정치환경에 입법, 사법부, 행정부, 정당 등의 특성을 포함하여 설명하였다.

환경과 참여자에 대한 논의를 함께 진행하고자하는 의도는 다양한 학자들의 설명에서 나타난 바와 같이 환경과 참여자가 명백하게 구분되기 보다는 중첩되어 있다는 생각에 근거한다. 중첩하는 영역을 묶어 새로운 영역으로 접근하는 것이 이해하는데 도움이 될 것이다. 환경을 이원화하면 무형의 환경과 유형의 환경으로 분리된다. 같은 방식으로 참여자를 이원화하면 비공식참여자와 공식참여자로 나눈다. 그러면 유형의 환경과 비공식참여자는 중첩하는 영역이 된다.

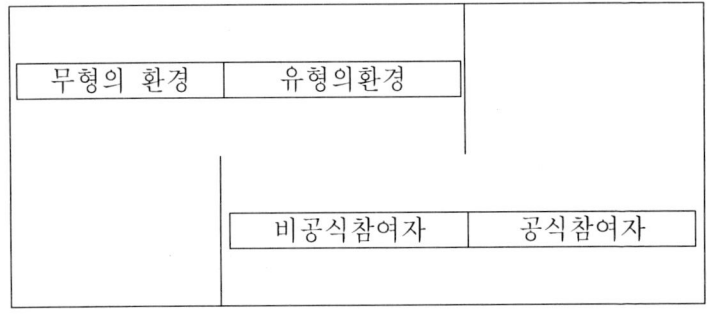

[그림 11] 정책환경과 정책참여자의 관계

2. 무형의 환경

정책환경에 대해 논의할 때에는 환경과 정책, 정책과정간의 관계에 초점을 둘 필요가 있다. 정책환경이 정책과 정책과정에 어떤 영향을 미치는가의 시각이 필요하다. 여기서는 국제 환경, 정치 환경, 경제 환경, 사회문화 환경, 자연 환경으로 나누어 제시한다.

1) 국제 환경

국제정세와 세계경기 등이 정책과 정책과정에 영향을 미친다. 한 국가의 정책은 일반적으로 개별 국가의 정부에 의해 결정되고 집행되며, 집행의 결과가 국가내로 제한되는 것이 일반적이었다. 그러나 국제정세의 변화에 따라 한 국가의 정책에 국제적인 영향력이 점차 커져왔다. 국제환경은 일반적으로 지구촌(global village)으로 상징되듯이 점점 통합화되고 있다. 좀 더 가까워지고, 좀 더 열려져 국경의 의미가 점차 희미해지고 있다. 이러한 이면에는 교통과 통신, 특히 정보통신의 발달과 자유무역주의에 의한 국가간 자유무역협정(FTA; Free Trade Agreement)과 WTO(World Trade Organozation)와 같은 국제기구의 역할의 증대에 따라 가속화되고 있다.

이에 따라 두 개 국가이상이 관련되는 국제 정책문제가 점차 많아지고 있다. 우리나라의 경우 황사오염문제와 탈북자 처리문제 등의 사례에서 다른 국가와 협력을 통해 정책을 수행하는 경우가 늘고 있다.

국제정책 뿐만 아니라 국내 정책 또한 국제적인 영향력이 커지고 있다. 주세와 자동차세에 대한 외국 정부의 관심과 영향력이 정책에 영향을 미친 사례가 있으며, 조선업과 하이닉스 반도체에 대한 보조금 사례에서도 외국정부가 영향을 미친바 있다. WTO등에 제소하기도 하며, 무역에서 상계관세 등을 통해 우리나라의 정책에 영향을 미치려고 하였

다. 따라서 정책을 담당하는 정부는 이러한 국제환경의 동
향을 면밀하게 살필 필요가 있으며, 국제사회에서 우리의
주장을 펼 수 있는 능력을 키워야 한다.

사례 4: 주세와 EU의 압력

조세형평성을 고려하자면 위스키가 맥주보다 높아야 한다.
실제로 과거에는 위스키가 높았다. 1974년 위스키 주세율은
맥주보다 100%포인트나 높은 250%였다. 그러던 것이 75년
200%로 떨어졌고 91년에는 150%로 맥주와 같아졌으며 94
년에는 120%로 맥주보다 낮아졌다. 이후 맥주 주세율도 97
년 130%, 2000년 115%, 2001년 100%로 떨어졌다. 또 위
스키는 96년 100%로 내려선 데 이어 2000년 1월 72%로
다시 낮아져 지금과 같은 주세율 구조가 만들어졌다.

이처럼 위스키 주세율이 빠르게 떨어진 이유는 위스키 생산
국들의 통상압력 때문이다. 유럽연합(EU) 등은 소주와 위스
키의 주세율 차별에 대한 국제 분쟁에서일본을 굴복시킨 뒤
1996년 10월부터 한국에도 본격적으로 시비를 걸기 시작했
다. 한국 정부는 소주가 위스키의 경쟁상품이 아니라 주세율
차별은 당연하다고 맞섰으나 세계무역기구(WTO)에서 패소,
위스키 주세율을 소주와 같은 수준으로 낮췄다.

출처: 동아일보 2002년 4월 3일

2) 정치 환경

정치환경에는 정책과 정책과정에 영향을 미치는 법체계, 법문화, 선거, 정치이념, 정치행정문화 등이 포함된다.

법체계가 정책환경을 구성하는 요소로서 정책과정에 영향을 미치는 것은 각 국의 법체계가 성문법국가인가 혹은 불문법국가인가에 따라 정책현상이 달라지는 사례로 설명할 수 있다.

법문화는 정책목표의 달성에 중요한 영향을 미치는 요소이다. 준법의식이 자리 잡은 법문화가 있는 상황에서 정책의 집행을 통한 정책목표의 달성이 용이하다. 그렇지 않은 경우는 준법을 유도하기 위해 보조적인 정책수단에 많이 의존해야 한다.

선거는 두 가지 의미에서 정책과 관련성이 큰 중요한 환경 요소이다. 우선 선거를 통해서 사회의 중요 쟁점들이 표출된다. 그리고 이러한 쟁점에 대한 정치참여자들의 대안이 공약으로서 개발되고 공표되며, 논의된다. 그리고 무엇보다도 선거를 통해서 새로운 정책결정자를 결정하기 때문에 선거 이후의 정책의 방향이 결정된다.

정치이념 또한 정책환경을 구성하는 핵심 요소이다. 정치이념에 따라 정책의 선호가 달라지기 때문에 매우 중요한 역할을 한다. 좌파와 우파의 이념은 특히 재분배정책이나 규제정책 분야에서 서로 다른 선호와 대안을 이끌어낸다. 좌파이념의 경우는 제도적이고 적극적인 재분배를 선호하고, 정부의 개입과 규제의 범위를 확대하는 경향이 있다. 반대로 우파의 경우 개인의 자유를 우선하는 가치로 하며, 재분배의 경우 정부가 보완하는 수준에서 개입해야하고, 규제도 최소화해야 한다는 정책선호를 보인다. 따라서 국가와 사회의 선호 정치이념이 무엇인가는 정책과정에 매우 많은 영향을 미친다.

정치행정문화도 정책과정에 영향을 주고받는, 중요한 환경을 구성하는 요소이다. 일반적으로 한국의 행정문화를 특징 짓는 것으로 제시되는 가족주의, 권위주의, 의식주의, 형식주의, 계서주의, 사인주의, 운명주의, 온정주의, 의리주의, 할거주의 등의 성격은 정책이 만들어지고, 행동으로 옮겨지고, 결과를 나타내어 평가하는 전 과정에 영향을 미친다.

3) 경제 환경

소득, 분배구조, 산업구조, 부채, 기술 등이 정책과 정책과정에 영향을 미친다.

한 국가의 소득이나 부의 분배상황은 정책결정과정의 우선순위를 결정하는데 중요하다. 소득이 어느 정도 확보된 상황에서는 부의 분배를 조정하는 정책에 더욱 관심을 기울이는 것이 일반적이다.

국가의 산업구조는 정책에 영향을 미치며, 또한 산업구조 자체를 변화시키는 것이 정책목표인 경우도 있다.

또한 부채의 규모에 따라 경제운용과 관련 정책이 달라진

다. 1990년대에 경험한 IMF사태와 같은 극단적인 경우에는
정책의 자율성마저 부분적으로 제한받을 수 있다.

 기술의 변화도 정책과정에 영향을 미친다. 정책의 우선순
위를 바꿀 수도 있으며, 정책과정을 운용하는 틀을 변화시
키기도 한다. 예를 들어 정보기술, 특히 인터넷의 보급은
정책과정 전반에 민주화에 기여하였다.

사례 5: 인터넷과 정책과정

 다른 분야의 급격한 변화에는 못 미치지만, 인터넷이 정책과
정을 변화시키고 있다는 증거들을 주변에서 쉽게 발견할 수
있다. 정책형성의 과정에서도 인터넷의 영향이 크게 인식되고
있다. 전자주민증에 대한 인터넷상의 반대운동에서 살펴볼 수
있듯이 인터넷은 시민들이 모여서 사회문제에 논의하고 정부
에 대해 문제를 제기하는 장이 되고 있다. 실제세계의 집회나
시위를 실행하기 위해서 드는 비용이나 시간의 제약이 전혀
없이 인터넷상에서는 사회문제를 공론화하고 시민의 힘을 집
약시킬 수 있게 되었다. 총선시민연대 홈페이지에 대한 시민의
접속도는 매우 인상적이었다. 정부측에서 이를 적극 활용하는
예도 발견된다. 광주시의 경우는 사이버위원회를 구성·운영
함으로써 운영비용과 위원들의 활동에 따른 부담을 줄이는 방
안을 실행에 옮긴 바 있다. 1999년의 경우 84개의 위원회가
370회 개최됨에 따라 1개 위원회에 평균 16명의 위원들이 1
만 1천 840시간을 이동하는데 소비하고 1천만원이 넘는 우편
요금과 교통비가 지출되었다는 통계가 제시된 바 있다.

 또한 인터넷을 활용함으로써 정책집행과정을 투명하게 하여

부정부패의 가능성을 줄이고 집행이 공정하게 이루어지도록 모니터링할 수 있게 되었다. 서울시가 시민의 민원을 인터넷 상에서 공개하여 처리하게 해줌으로써 민원처리가 밀실에서 세상 밖으로 나오게 되었다. 또한 국민들에게 집행에 관련된 정보를 수시로 제공해줌으로써 국민의 알권리를 충족시키고, 의혹으로부터 발생될 오해의 소지도 줄일 수 있게 되었다 (http://metro.seoul.go.kr). 정부 홈페이지의 홈민원센터의 경우 신청한 민원의 처리상황을 인터넷을 통해 언제든지 알 수 있도록 정보를 제공하고 있다(http://www.homeminwon.go.kr).

그리고 정책에 대한 평가 또한 실시간으로 이루어질 수 있다. 인터넷상에 존재하는 많은 여론조사 사이트들이 가능성을 보여주고 있다. 또한 시민들의 정부정책결정에 대한 반응도 즉각 확인할 수 있는 기회가 여러 번 있었다. 헌법재판소가 과외금지를 위헌으로 결정한 날에 국민들이 헌법재판소 홈페이지에 제시한 반응들은 의미 있는 증거가 된다.

출처: 남기범. 2000.

4) 사회문화 환경

사회문화 환경을 구성하는 인구변화요인, 교육수준, 종교와 전통 등이 정책과 정책과정에 영향을 미친다.

인구요인과 관련해서는 미국의 베이비붐세대와 정책과의 관련성을 사례로 들 수 있다. 베이비붐세대는 2차대전 종전 후에 태어난 연령층으로서 이들의 성장에 따라 교육정책에

서 실업정책, 그리고 노인복지정책 등으로 미국내의 주요정
책 영역이 변화되었다는 것이다.

교육수준과 교육에 대한 관심 또한 정책에 영향을 준다.
교육체계는 지식을 창조, 축적 및 전달하는 하위체계로서
이러한 교육체계의 기능과 이에 따른 국민의 교육수준에 의
해 정책이 만들어지고 집행되는데 영향을 미친다. 세계에서
가장 높은 수준의 교육열을 보이는 우리의 경우에는 이를
순기능적인 성과로 이끌어내는데 주의를 집중해야 한다.

종교와 전통 또한 정책에 영향을 미친다. 종교와 관련해서
는 낙태허용의 사례를 들 수 있다. 카톨릭 국가인 경우는
종교적인 신념에 기초하여 낙태가 허용되지 않는 반면, 페
미니즘이 강한 국가인 경우는 낙태허용에 대해 긍정적이다.

사례 6: 전통과 정책 −장애인과 노인

전통은 정책의 결정에서 고려해야 할 중요한 요소이다.

미국에서 가장 액수가 큰 교통범칙금은 장애인 지정 주차구
역에 비장애인이 주차한 경우에 부과되는 범칙금이다. 이것은
장애인을 포함한 사회적인 약자보호에 매우 적극적인 미국사
회의 전통을 반영한 것이다.

우리나라 전통에서는 장애인을 비롯한 다른 보호계층에 비해
노인에 대해 정책적인 우선순위를 두어왔다. 최근까지 대중교
통수단에 경노석이라는 지정석을 운영한 사례를 보아도 알 수
있다. 최근에 이는 노약자석으로 그 범위가 확대되어 운영되

고 있다. 우리나라에서는 장애인이라는 용어를 사용한 것이 얼마되지 않을 만큼 전통적인 영향은 매우 작았다. 장애인에 대한 인지는 국제적인 영향이 크다고 판단된다. 88올림픽이전 에 실시된 장애인 올림픽이 매우 중요한 역할을 하였다.

5) 자연 환경

일기, 지형, 부존자원, 자연환경 등이 정책과 정책과정에 영향을 미친다. 주요한 입지결정에는 날씨와 기후가 고려되 어야 한다. 특히 기온이나 습도에 민감한 산업의 입지 같은 경우는 더욱 그러하다. 또한 부존자원에 따라서 환경의 영 향의 정도가 달라진다. 비산유국인 한국의 경우는 더욱더 큰 영향을 받는다. 지형 또한 정부의 결정에 중요한 고려변 수이다. 우리나라의 경우 3면이 바다인 지형적인 특징 때문 에 다른 나라에는 많지 않은 해양수산부라는 정부부처를 두 고 있다. 따라서 정책을 결정할때는 이러한 자연환경요인을 사전에 면밀하게 검토하는 거시 필요하다.

3. 유형의 환경, 비공식 참여자

유형의 환경이며, 비공식참여자이기도 한 활동자로는 이익집 단, 정당, 일반시민, 전문가와 전문연구기관 등이 포함된다.

1) 이익집단

이익집단은 공동의 이익을 달성하고자 구성된 집단이다. 정책과정에서 정부에 대해 압력을 행사를 한다. 정책과정과 관련하여 이익표출(interest articulation)기능을 수행한다. 집단의 이익을 추구하는데 결정적인 역할을 하는 집단의 영향력은 양적 규모, 이익집단의 질적 특성에 의해 결정된다. 양적 규모에는 회원수, 재정규모, 지리적 분포의 정도 등이 포함된다. 질적 특성에는 조직내적 결속력, 집단 지도부의 지도력, 외부집단과의 연대의 정도 등이 포함된다.

2) 정당

정당은 정권의 획득을 목적으로 모인 조직이다. 임의적 결사이며, 규율을 지키고 충성을 다해야 하며, 나름의 조직을 가지고 정권의 장악하기 위해 다른 당과의 경쟁한다. 정책과정에서 이익의 결집(interest aggregation) 기능을 수행하고 집권당인 경우 당정협조를 통해 당의 정강, 정책을 국가의 정책으로 구현한다.

3) 일반시민

일반시민들은 참여를 통해 정책에 영향을 미친다. 참여의 양상은 직접참여와 간접참여로 나뉜다. 직접참여에는 국민

투표, 국민소환, 국민발안의 예가 있으며, 간접 참여의 경우
에는 정책결정자와 연계, 특출한 개인의 역할 등을 제시할
수 있다.

4) 외부전문가와 전문기관

특정한 기술적이고 전문적인 정책의 경우에는 권위있는 전
문가와 전문연구기관이 정책에 영향을 미치기도 하고, 정책
에 직접 참여하기도 한다.

5) 언론

언론은 현대사회에서 매우 중요한 역할을 하고 있어, 제4
부(the fourth branch of government)로 불리기도 한다.
미국 건국 초기의 한 대통령은 '언론 없는 정부보다는 정부
없는 언론을 선택할 것이다'라고 말하기도 했다. 이처럼 언
론은 현대 민주사회에서 무척 중요한 기능을 수행하는데 정
책과정에서 역시 중요한 역할을 수행한다. 사회내의 문제를
진단하여 공론화하고, 여론을 전달하여 정부기관을 압박하
기도 하고 정책과정을 감시하며, 나름의 정책을 평가하기도
한다.

4. 공식참여자

1) 국가원수, 행정수반

국가원수와 행정수반은 대통령과 총리를 말한다. 정책의 최고책임자로서 정책과정에 매우 큰 영향을 미친다. 의회에 법률안을 제출할 수 있고, 의회가 의결한 사항에 대해 거부권을 행사할 수도 있다. 그렇지만 모든 정책에 국가원수와 수반이 개입할 수 없기 때문에 기술적이고 전문적인 정책보다는 주로 정치적인 성격에 관련된 정책에 많은 관심을 갖는다. 따라서 구성정책이나 재분배정책에 영향을 미치는 정도가 크다.

2) 입법부

입법부는 법을 제정하는 역할을 담당하는 국가기구로서 정책이 법의 형식을 띠는 경우가 많기 때문에 많은 영향을 미친다. 주된 활동자는 본회의와 상임위원회로 나누어 볼 수 있는데 후자는 전문적이고 기술적인 정책에 많은 영향을 미치고 전자는 정치적인 정책에 중요한 역할을 수행한다. 그러나 20세기 들면서 행정국가화하고 따라서 전문성이 행정부에 상대적으로 떨어지기 때문에 입법부의 역할을 많이 약해졌다. 국회를 '통법부'라고 비하하기도 하고, 국회의원을 '거수기'라고 비판하기도 한다. 그러나 아직도 많은 부문에 걸쳐 중요한 영향력을 미친다.

우선 사회문제를 정부가 다루도록 문제를 제기하고 여론을 유도하는 역할을 수행한다.

둘째, 정책결정단계에서는 국민을 대신에서 대안을 제시하기도 하며, 국민의 대표기관으로서 최종적인 판단을 담당한다. 또한 정책의 결정여부와 별개로 예산을 통해 정책의 내용을 제한하거나 지지하기도 한다.

셋째, 여러 가지 방식으로 정책이 집행되는 단계에서 행정부를 견제한다. 국정조사나 각종 의정활동을 통해 정책집행을 감시한다.

넷째, 정책평가단계에서는 결산과 이를 반영한 다음 해의 예산결정을 통해 정책을 평가하고 정책과정 전반의 공과를 밝혀내는 일을 수행한다.

3) 행정기관과 공무원

좁은 의미의 행정부를 의미하며, 전통적으로는 입법부에서 결정한 사항을 단순하게 집행하는 역할로 제한되어 있었지만, 현대사회에서는 실질적인 정책의 결정자와 집행자로서 많은 영향력을 발휘한다. 전문화를 통해 '위임입법'의 형태로 주어진 많은 재량을 통해 실질적으로 정책과정을 주도한다.

4) 사법부

사법부는 정책과정에 직접적으로 개입하기 보다 간접적으로 영향을 미친다. 정책을 결정하기 전에 다른 정책이나 법률과 일관성을 유지하는지, 법리상에 잘못된 점이 없는지를 사전적으로 유권해석을 통해 정책결정단계에서 도움을 주며, 정책집행과 평가단계에서는 행정기관과 공무원의 업무를 통해 발생한 분쟁이나, 과오를 최종적으로 판단하는 역할을 수행한다.

5. 정책환경의 관리

정책은 사회적 필요성에 의해 만들어지고, 집행되며, 평가해야 한다. 따라서 정책을 통해 사회의 필요를 충족하기 위해서는 사회가 제공하는 정책환경의 양상을 잘 관리해야 한다. 여기서는 정책환경을 관리하는 전략을 전략적 이동, 독자적 전약, 협력전략으로 나누어 살펴보기로 한다.

참고: **정책환경의 관리전략**

전략적 이동

● 영역선택(domain selection)
● 다양화(diversification)

- 인수합병(merger & acquisition)
- 매각(divestiture)

독자전략

- 경쟁자에 대한 공격(competitive aggression)
- 경쟁자와의 화해(comparative pacification)
- 공공관계(Public Relations)
- 자원봉사활동(Voluntary Action)
- 법률행위(legal action)
- 정치적 행위(political action)

협동전략

- 계약(contracting)
- 적응적 흡수(cooptation)
- 제휴(coalition).

1) 전략적 이동

(1) 영역선택(domain selection)

기업경영에서 영역선택은 경쟁자와 규제가 적고, 공급자와 고객은 많은 산업이나 시장에 진입하는 것 또는 고성장시장에 진입하는 것을 의미한다. 기업의 예를 든다면 IBM이 대형컴퓨터 제조위주에서 PC시장으로 진입한 사례와 Miller사

가 건강에 대한 고객의 관심이 커지는 것을 인식해서 저알
콜 맥주 시장에 진입한 사례 등을 떠올릴 수 있다. 공공부
문에서는 KT & G가 정부규제와 고객의 well-being에 대한
관심을 인식하여 담배에서 건강식품인 인삼부문을 더욱 강
조하는 것이라든지, 각 지방자치단체가 굴뚝 산업보다는 정
보기술벤처나 바이오기술 벤처, 콘텐츠와 관련된 애니메이
션이나 영화산업을 유치하려는 노력을 예로 들 수 있다.

참고: 블루오션과 레드오션

블루오션전략의 핵심은 붉은 피를 흘려야 하는 경쟁시장
(Red Ocean)에서 예전의 업종이나 고객 개념에 얽매여 있지
말고, 경쟁이 없는 시장 즉 푸른 바다(Blue Ocean)와 같은
신시장을 개척하자는 메시지다.

특히 원천기술 없이도 성공할 수 있는 수많은 사례와 방법론
을 다루고 있기 때문에 기업이나 조직이라면 당장 달려들어
접해봐야 할 전략이다. 삼성전자는 국내에서 가장 먼저 김위
찬 교수의 특별지도 아래 극비리에 1998년 VI(가치혁신)센터
를 설립해서 상당한 성과를 거두고 있다.

자료: 김위찬, 르네 마보안.

(2) 다양화(diversification)

기업의 환경관리전략에서 다양화는 이전과는 다른 사업에

투자하는 것이나 다양한 상품을 생산하는 것, 단일시장과 기술에 의존을 줄이기 위해 지리적으로 확장하는 것을 의미한다. GE사가 음반회사인 RCA와 방송기업인 NBC를 매입한 사례를 들 수 있다.

(3) 인수합병(merger & acquisition)

경영부문에서 인수합병은 흔히 M&A로 많이 회자되는 것이다. 이는 두 개 이상의 회사를 하나의 기업으로 합치는 것을 의미한다. 이는 급격히 변하는 환경에서 규모를 키워 경쟁력을 확보하는 전략이다. 우리나라의 경우에도 IMF이후에 이러한 사례들이 많이 나타났다. LG반도체와 현대전자가 하이닉스반도체로 합병되었으며, 기아자동차가 현대자동차에 인수되어 합병되었다. 공공부문에서도 환경변화에 대응하기 위한 노력으로서 자주 검토되고 실행에 옮겨진다. 도농통합과 국공립대학의 통합 사례를 예로 들 수 있다.

(4) 매각(divestiture)

매각은 하나나 그 이상의 사업부문을 다른 기업에게 판매하는 것을 의미한다. 코카콜라(Coca Cola)가 와인스펙트럼(Wine Spectrum)이라는 와인회사를 매각한 사례가 있다. 많은 기업들이 자신의 경쟁력있는 부문을 키우기위해 그렇지 못한 부문을 매각하는 것을 적극적으로 고려한다.

2) 독자 전략

(1) 경쟁자에 대한 공격(competitive aggression)

경쟁자에 대한 공격은 경쟁우위를 개발하고 내부 효율성을 향상시키는 것을 의미한다. 내부효율성을 기반으로 공격적인 가격책정을 할 수 있으며, 비교 광고를 통해 환경의 우호적인 반응을 유도하기도 한다.

(2) 경쟁자와의 화해(comparative pacification)

경쟁자와의 화해전략은 경쟁자와의 관계를 개선하기 위한 독자적인 행동을 말한다. 이는 경쟁기업과의 협력이 전제되지 않는다는 점에서 독자적인 전략이다. 경쟁자에게 원자재 구매처에 대한 정보제공하는 사례를 민간부문에서는 많이 발견할 수 있다.

(3) 공공관계(Public Relations)

흔히 PR이라고 부르는 공공관계는 환경을 구성하는 사람들의 마음에 우호적인 인상을 만들고 유지하는 것을 말한다. 이러한 우호적인 이미지는 정책과 관련한 환경의 지지를 이끌어내는데 도움이 된다. 민간기업이나 공공부문조직의 광고 캠페인 등이 이러한 노력의 사례이다.

(4) 자원봉사활동(Voluntary Action)

자원봉사활동은 다양한 이익단체, 시민운동, 사회문제에

자발적으로 헌신함으로써 환경과의 관계를 우호적으로 유지하는 효과를 가진다. 마이크로 소프트의 빌게이츠가 백신연구에 기부를 하는 등의 활동은 이러한 시각에서 해석할 수도 있다. 또한 공공부문에서도 자원봉사를 통해 정부신뢰성의 저하를 극복하고 이를 정책에 대한 신뢰와 지지로 이끌려는 노력이 많이 필요한 실정이다.

사례 7: 동작구 공무원봉사단

서울 동작구가 구청 간부공무원을 중심으로 매월 1회 이상 자율적으로 봉사활동을 실시하는 동작구공무원 자원봉사단을 구성하는 등 매월 첫째주 토요일을 '공무원 자원봉사의 날'로 운영한다.

이에 대해 구 관계자는 '공무원이 관내 사회복지시설 등을 대상으로 자원봉사활동을 실시함으로써 봉사활동 저변확대는 물론 공직자의 사랑나눔 실천으로 구민과 함께하는 선진 복지행정을 실현하기 위해서'라고 말했다.

동작구공무원 자원봉사단은 구청장을 중심으로 국장, 과장, 팀장 등 251명으로 구성되었으며, 매월 동작구 관내 소재하고 있는 치매노인, 거동 불편한 어르신 보호시설인 동작실버센터, 청운노인복지센터를 방문하여 목욕, 나들이 등 봉사활동을 실시한다.

동작구 관계자는 '앞으로 동작구 전 공무원이 참여 할 수 있는 다양한 자원봉사프로그램을 개발하여 지속적으로 자원봉사활동을 확대해 나갈 계획'이라고 말했다.

자료: http://www.djvol.or.kr

(5) 법률행위(legal action)

때때로 기업은 다른 기업의 불공정관행, 사기광고나 다른 이유로 경쟁기업에 대해 민사소송을 제기하기도 한다. 이러한 활동의 예로는 우리나라 인터넷 기업 다음이 메신저를 운영체제에 끼워 팔았다는 이유로 제소한 사례가 있다. 공공부문에서도 법률행위의 중요성이 점차 커지고 있다.

(6) 정치적 행위(political action)

각 기업은 사업에 우호적인 환경을 만들고, 경쟁을 제한하기 위해 선출된 대표인 의회의원에게 영향을 미치려는 노력을 한다. 정치활동을 통해 각 기업은 기업의 경영활동에 유리한 입법과 정책을 만드는데 노력을 한다.

3) 협동 전략

(1) 계약(contracting)

각 기업들은 재화, 용역, 정보 특허 등을 교환하기 위한 조직이나 집단간의 협정을 위한 협상을 통해 환경에 대응한다. 공공부문조직도 이제 좀 더 개방된 정책환경 하에서 더 많은 조직들과 계약을 맺고 있다.

(2) 적응적 흡수(cooptation)

적응적 흡수는 조직의 안정성이나 존재에 대한 위협을 피하기 위해 조직의 지도부에 새로운 요인을 흡수하는 것을 의미한다. 흔히 기업에서는 소비자대표, 노동자 대표와 은행가를 이사회의 이사로 임명하는데 이것이 적응적 흡수의 대표적인 예이다.

(3) 제휴(coalition)

제휴는 두개 이상의 집단이 몇 가지의 쟁점에 대해 특정한 시간동안 연합하고 공동을 활동하는 것을 의미한다. 일반적으로 사기업들은 각 산업별로 협회조직을 활용하여 이를 추진한다. 우리나라에서도 몇 개의 지방자치단체들끼리 국제행사를 개최하기 위해 협력하는 사례가 있는데 제휴의 예로서 살필 가치가 있다. 이러한 경우 국제행사의 규모를 키워 환경으로부터의 관심을 유도할 수 있고, 또한 규모의 경제성을 확보, 행사진행의 효율성을 달성할 수 있으며, 상급 광역자치단체나 중앙정부로부터 지원금을 받는 것도 유리할 수 있다.

사례 8: 지방정부간 협력−세계도자기 엑스포

세계도자기엑스포는 이천시 관고동 설봉공원 내 13만평, 여주군 북내면 신륵사 국민 관광단지 내 3만평, 광주시 곤지암 문화특구 내 16만평 등 총 32만평 부지 위에서 개최되었다. 무엇보다 눈에 띄는 것은 세계도자센터(이천)와 세계생활도자관(여주), 조선관요박물관(광주) 등 3개의 주 전시장이 각각 3개 지역 도자의 특성을 잘 반영하고 있을 뿐 아니라, 과거에서 미래까지의 도자 역사를 아우르는 잘 조직된 전시를 마련했다는 점이다.

자료: 조형기, 2001.

제 6 장 정책수단

1. 정책관련 조직도구: 정부, 기업, 제3부문

UNDP의 분류에 따르면 governance와 관련된 하위체계를 국가, 시민사회, 민간부문 등으로 제시하였다. 시민사회는 사회가 자발적으로 구성하는 연합체의 군집이라고 하였으며, 여기에는 노조, 비정부조직, 성별・언어・종교집단, 자선단체 등을 포함한다. 민간부문은 민간기업과 시장내의 비공식부문을 포함하는 것으로 정의했다.(UNDP, 1977) 그러나 이러한 분류는 분류기준에 따라 중복분류가 될 수도 있고, 혼동도 많아 Etzioni가 제시한 방식으로 공공부문, 민간부문, 제3섹터(제3부문)로 분류해서 설명하기로 한다. governance의 개념에서 기능의 분담이 중요하기 때문에 각 조직에 할당될 수 있는 기능영역을 결정하기 위해 각 부문 조직들의 특성을 정리하는 것이 의미있을 것이다.

공공부문은 사회문제를 다루는데 강제력을 유인으로 제공하는데 안정성, 주요임무외의 문제 대처, 정실주의의 배제의 장점을 가진다. 민간부문조직은 경제적 우인을 통해 사회문제를 해결하는 과정에서 환경대응, 혁신, 성공모방, 실패 또는 진부화한 부문 포기, 위험감수의지, 자본창출능력, 전문적인 기술, 규모의 경제 확보능력면에서 우월하다. 그

러나 공적기능에서 이러한 장점이 발휘될 영역은 많지 않다
고 판단된다. 제3부문은 규범이나 가치에 다양한 사람들에
대한 접근, 열정과 헌신, 문제의 전반적인 처리, 신뢰창출
면에서 우수하다.

[표 3] 각 부문 조직에게 기대할 수 있는 우수성

부문 특성 기준	공공부문 공공소유와 민주적통제: 공중과 사회 적 수요수급	민간부문 사적소유와 사 적 통 제 : 사적 이익의 축적	제3부문 사적소유와 사 적 통 제 : 공중과 사회 적 수요
안정성	고	저	중
주요임무외의 문제 대처	고	저	중
정실주의의 배제	고	저	저
환경대응	저	고	중
혁신	중	고	중
성공모방	저	고	중
실패 또는 진부화한 부문 포기	저	고	중
위험감수의지	저	고	중
자본창출능력	중	고	저
전문적인 기술	중	고	중
규모의 경제 확보능력	중	고	저
다양한 사람들에 대한 접근	저	중	고
열정과 헌신	중	저	고
문제의 전반적인 처리	저	저	고
신뢰창출	중	저	고

자료: Osborne & Gaebler, 431.

[표 4] 각부문 조직에 가장 적합한 임무들

	공공부문	민간부문	제3부문
정책관리			상대적
규제			상대적
평등강화	**효과적**	비효과적	**효과적**
착취방지			**효과적**
사회적 단결의 촉진			**효과적**
경제적 업무			상대적
투자업무	비효과적	효과적	상대적
이익창출			비효과적
사회사업		상대적	
자원봉사자들의		상대적	
노동이 필요한 일	상대적		효과적
이익이 없는 일		비효과적	
지역사회 발전		비효과적	
타인의 복지증진		비효과적	

자료: Osborne & Geabler, 432.

이러한 특성으로 인해 공공서비스를 제공하는 과정에서 각 부문 조직들은 적합한 임무들이 서로 다르게 나타난다. 공공부문은 정책관리, 규제, 평등강화, 착취방지, 사회적 단결의 촉진 등의 임무에서 효과적이다. 민간부문은 경제적 업무, 투자업무, 이익창출 등의 임무에서 효과적이다. 제3부문은 평등강화, 착취방지, 사회적 단결의 촉진, 사회사업, 자원봉사자들의 노동이 필요한 일, 이익이 없는 일, 지역사회 발전, 타인의 복지증진과 관련된 업무에서 효과적이다. ([표 4] 참조)

2. 실제 활동자를 중심으로 한 정책담당자

앞에서 살펴본 조직차원의 하위체계는 단순화시켜서 이해
는 도울 수 있는 장점은 있지만 많은 실제활동자를 크게 분
류해서 다양한 실제 활동자들의 특성을 제대로 이해하는데
장애가 되는 단점도 있다. 여기서는 기존의 정부서비스를
대체할 가능성이 있는 조직과 사람에 대해서 논의해본다.

최근 들어 공공서비스가 공무원에 의해서만이 잘 전달된다
는 생각이 변하고 있다. 서비스는 관료제에 의해서가 아니
라 사람에 의해 전달되는 것이다. 여기서 사람이란 공무원,
민간계약자, 자원봉사자를 포함하는 것으로, 공공서비스는
공무원에 의해서만 전달될 수 있는 것이 아니다. 행정학에
서 가장 중심적인 주제가 재화와 서비스를 공급하는 것이라
고 한다면 정부관료제의 규모를 확장하거나 완비하는 것을
별도로 하더라도 그러한 기능을 수행할 여러 가지 대안적
조직형태가 이용될 수 있다. 그러한 대안으로는 자원봉사,
시장(market), 외부공급자, 다른 국내정부, 공기업, 민간계
약자, 제3부문, 심지어는 다른 나라정부까지도 포함시킬 수
있다(Caiden, 129).

1) 자원봉사

지역사회에서 서비스를 제공하기 위해 자발적으로 활동하
는 사람을 의미한다. 봉사자들은 보수나 대가, 이윤에 관계
없이 서비스를 제공한다. 기술상으로는 열세를 보이나 이를

熱情으로 보완할 수 있다. 이밖에도 자원봉사부문이 갖는 서비스전달의 장점은 조직구조의 다양함, 유연함에서 얻는 이점으로 변화에 적극적으로 대응하여, 창의적이며, 실험적인 서비스를 제공할 수 있다는 점, 그리고 정부에서 일이 진행되는 과정을 국민, 혹은 시민에게 개방하여 자유로운 토론과 비판이 가능하게 한다는 점을 들 수 있다. 중요한 의미중의 하나는 경제성일 것이다. 자원봉사를 사용하지 않은 자원(an untapped resource)이라고 평가한 학자도 있다 (Markwood, 6).

2) 외부 공급자

국가가 자원, 기술적인 노하우, 경험이 부족하여 충족시킬 수 없는 경우 어떤 수요는 외부자, 다른 국가를 통해 공급하게 한다. 명백한 의존관계, 갑작스런 공급중단 가능성이 결점이다.

3) 다른 국내정부

정부간 관계가 복잡해지고, 때로는 책임소재가 불분명해져서 공중이 이해하는 것이 곤란해진다.

4) 공기업

공공관료제의 경직성을 탈피하고, 특별한 정부권위를 사용한다. 경쟁의 압박에서도 자유로울 수 있다.

5) 시장

민간시장은 교환, 거래, 계약의무 등의 특징을 가진다. 개인은 모든 서비스를 얻을 수 있다. 단점은 재화와 서비스가 고도로 분화되고, 차별된 단위로 나누어지고, 잠재고객이 비용을 지불하지 않으면 혜택에서 배제된다는 점이다. 수요는 부의 분배에 의존하고, 부자의 요구에 민감하다. 그럼에도 불구하고 모든 사회는 공동체요구의 특정부문을 충족시키기 위하여, 다른 전달체계의 잘못된 분배를 평준화한다.

6) 민간계약자

정부는 민간조직과 계약함으로써 직접 전달할 때의 곤란함을 벗어날 수 있다. 정부가 계약을 통해서 하는 일은 감시, 계약, 협상, 실행평가 뿐이다.

7) 제3부문조직

자발적인 비영리조직과 결사가 이에 포함된다. 대중들이 기업과 정부의 서비스에 실망하게 되면서 대안적인 조직을 찾게 됨으로써 점차 중요해지고 있다.

여러 대안 중에서 새로운 서비스에 대한 전달주체를 결정할 때의 기준으로는 각 대안의 실현가능성, 정치이데올로기, 통제, 경제성, 서비스의 질, 시간상의 제약, 활동의 규모, 기밀성 유지의 여부, 이익갈등 등을 제시하고 있다.

3. 정책수단

정부가 공무원들을 통해 서비스를 제공하는 방안을 강구하기로 결정할 경우 수많은 선택이 가능하다.

1) 법규와 제제의 규범제정

정부가 어떤 활동을 권장하거나 막으려고 할 때 가장 널리 쓰이는 것은 물론 법이다. 정부는 어떤 활동을 비 합법화시킴으로써 그 활동을 최소화시킬 수 잇을 뿐만 아니라 비합법적인 활동을 공식적으로 합법화시킴으로써 그 서비스의 유용성을 천배로 높일 수 있다.

2) 규제 혹은 규제완화

간단한 규제상의 변화만으로 서비스제공에 있어서 큰 변화를 도모할 수 있다.

3) 모니터링 및 조사

정부는 작은 투자로 사적 재화와 용역을 감시하고 조사함으로써 사적 재화와 용역의 질을 극적으로 향상 시킬 수 있다.

4) 인허가제

정부는 어떤 활동을 인가해 줌으로써 누가 그것을 할 수 있고 누구는 할 수 없다는 것을 경정한다. 인가 필요조건을 바꿈에 다라 정부는 하룻밤 사이에 서비스의 증감을 가져올 수 있다.

5) 조세정책

정부는 산업들을 일정 방향으로 유도하거나 촉진시키기 위해 세금공제를 해주기도 한다.

6) 교부금

정부는 예술가, 과학자, 저소득층용 주택을 건설하는 주택건설업자, 소규모의 사업, 학교, 학생, 병원, 지역조직들, 비영리 법인이나 다른 정부에 대해 교부금을 지급하고 있다.

7) 보조금

모든 국민들은 언제나 보조금을 지급받을 수가 있을 뿐만 아니라 대부분 실제로 지급받고 있다. 사회보장제도는 보조금으로 운영되며 복지사업 역시 보조금을 통해 추진된다. 미국은 농촌사업에도 역시 보조금을 지급하고 있다. 임대이자에 대한 감세사업에도 보조금이 지급된다. 보조금의 두 번째 영역은 개인에 대한 것이 아니라 국민들에게 지급되는 서비스의 원가를 낮출 목적으로 기관에 지급되는 것이다. 교육기관, 병원, 의과대학, 중·저소득층 주택건설 등 공공이익에 유익하다고 생각되는 서비스를 제공하는 기관들이 이러한 보조금의 지급대상이 된다.

8) 대출

어떤 대출금은 시장 이자율에 다라 지급하며, 또 어떤 것들은 보조금이자율에 근거해서 지급하고(학생대출), 이자 없이 지급되는 경우도 있다.

9) 대출보증

정부는 직접 돈을 빌리는 것보다 더 자주 민간사업에 대한 지급보증을 해 주었다. 위험부담의 전부 혹은 일부를 정부가 감당함으로써 정부는 민간부문의 은행이나 다른 대부자들의 공적인 목표를 달성할 수 있도록 조장하였다.

10) 계약체결

정부는 도로, 하수도 시스템, 건물, 제반 인프라 건설을 위해 민간회사들과 계약을 맺어 왔다.

11) 프랜차이징

프랜차이징은 우회적으로 계약을 맺는 것을 말한다. 즉 정부는 프랜차이징을 제공하지만 그 서비스의 이용자는 서비스 대가를 그 제공자에게 직접 지불한다. 이것은 보통 어떤 서비스가 자연적으로 형성된 독점일 때 (혹은 그 사업에 대한 개입이 극히 제한되어 있을 때) 이용된다. 그러나 정부는 민간회사들이 그 서비스를 제공할 수 있는 권리를 얻기 위해 경쟁하기를 원한다.

12) 민·관제휴

계약체결과 마찬가지로 1980년대 들어 제휴 사업이 폭발적으로 증가하였다. 여러 규모의 대부분의 시들이 개발업자와 특정 부동산거래에서 제휴관계를 맺고 있다.

13) 공공기관간 제휴

많은 정부들이 서로의 서비스를 위해 서비스를 공유, 거래, 혹은 계약한다.

14) 준(準)공기업 혹은 민간사업

기업가적 정부가 본질적으로 경제적인 일들을 완수하기를 원할 때, 그들은 종종 민간기업 혹은 비영리, 법인이나 실질적으로 독립적인 공기업에 준하는 기업을 만든다.

15) 공기업

민간부문이 경제적 서비스를 제공할 수 없을 때 혹은 공공부문의 지도자들이 느끼기에 가격이 지나치게 노파고 생각될 때 정부는 때때로 직접 사업을 벌인다. 시소유의 공공사업은 일반화되어 있다.

16) 정부조달

정부는 특정서비스 활동에 종사하고 있는 기업으로부터 서비스를 사들이는 정책으로 그 활동을 장려하기도 한다. 정부조달정책은 엄청난 효과를 가져 오는데 어떤 때는 하나의 산업을 창출하기도 한다.

17) 보험

연방정부는 은행과 저축대부조합의 예금주에게 보험을 제공함으로써 도산에 따른 재앙을 막으려고 한다. 또한 노약자와 빈민들을 위해 실업보험, 근로자보상보험, 그리고 의료 보험제를 관리한다.

18) 보상, 시상, 장려금

정부가 개인이나 조직에게 상을 주면, 그것이 개인적인 영웅심에서 이루어졌든 저소득층을 위한 주택건설을 통한 지역 개발이든 간에 그들이 보상하고 있는 사업을 장려하게 된다.

19) 공공투자정책의 변화

대부분의 정부들은 투자가의 역할을 한다. 정부들은 투자대상과 투자방법을 변경함으로써 어떤 활동을 장려하기도하고 금지시키기도 한다.

20) 기술지원

정부들은 종종 사업, 지역사회조직, 다른 정부에 대해 기술적 지원을 함으로써 더 가치 있는 서비스를 제공할 수 있다.

21) 정보

정부는 일반국민에게 단순히 정보를 제공함으로써 큰 영향을 미칠 수 있다.

22) 알선

많은 정부는 사람들이나 조직으로 하여금 그들이 원하는 서비스를 제공하는 사람들이나 조직을 소개하는 알선서비스를 제공한다.

23) 자원봉사자

우리나라에서도 많은 도시들이 자원봉사자들을 이용하고 있는 것으로 나타났다. 또한 대부분의 지방 소방서에는 자원봉사자들을 활용했다. 많은 도시들은 자원봉사자들의 활용을 관리하는 전담직원을 두었다.

24) 바우처(Voucher)

정부들이 특정집단의 사람들에게 재화와 용역을 구입할 수 있는 능력을 부여하기를 원할 때 그들은 바우처를 사용한다. 연방정부는 가난한 사람들에게 식료품을 살 수 있는 식료품바우처와 임대료를 지불하는데 도움을 줄 수 있는 주택바우처를 준다.

25) 부담금

정부는 운전, 부동산개발, 전기발전 등의 활동들에 의해 발생하는 사회적인 비용을, 이러한 활동을 통해 이익을 얻는 사람들에게 직접적으로 부과하는 세금형태의 부담금을 활용할 수 있다. 부담금을 인상함으로써 정부는 이러한 활동을 위축시킬 수 있다. 또한 정부는 이러한 활동에 의해

이익을 얻는 사람들이 그 비용을 고객을 제외한 다른 사람
에게 전가시키지 못하도록 한다.

26) 비정부부문의 노력촉진
정부는 정책목적을 달성하기 위해 교회와 지역단체들의 네
트워크결성을 도울 수 있다.

27) 비정부부문 지도자들의 회합주선
때때로 문제를 해결하기 위해서 열쇠를 쥐고 있는 관련자
들을 모이게 하는 것이 정부가 해야 할 일의 전부일 때가
있다.

28) 강력한 설득
때때로 회합마저 불필요한 경우가 있다. 공공부문의 지도
자들은 관련자들을 강력하게 설득함으로써 무엇인가를 이룩
할 수 있다.

29) 착수금
특정 프로그램에 대해 착수금을 지급함으로써 그 서비스가
시 전체로 확산되도록 할 수 있다.

30) 지분투자
정부는 바라는 활동을 장려하거나 후원하기 위해서 지분투
자를 한다.

31) 자원단체

어떤 정부는 이웃, 상업지역, 경영자모임내에 독자적 모임
을 만들어 이들 조직이 서비스를 제공하도록 장려한다.

32) 공동생산이나 자조

많은 정부들은 시민들이 스스로 서비스를 생산하도록 돕고
있다.

33) 응분의 대가

조세저항운동이 일어났을 때 정부는 재빨리 기업들에게 서
비스에 대한 많은 대가를 요구했다.

34) 수요관리

어떤 정부는 증가되는 서비스에 대한 수요를 맞추기 위해
서 보다 많은 지출하기보다는, 이러한 수요의 감소에 초점
을 둔다.(물에 대한 수요, 고속도로에 대한 수요, 구급차나
화재신고 대한 수요)

35) 재산의 판매, 교환, 활용

정부는 소유재산을 판매하거나 교환하고, 활용하면서 바람
직한 시장을 조성하기도 한다.

36) 시장구조

시민의 요구에 부응하기 위해 정부들은 민간시장을 조성한다.

제2편
정책과정론

제 7 장 정책과정의 제단계

정책과정은 다양한 참여자에 의한 수많은 활동으로 이루어진다. 그리고 그 활동은 정책의 내용이나 성격 등에 따라 일정하지 않고 다양한 모습을 띤다. 그런데 복잡한 정책과정을 이해하기 위하여 불가피하게 수많은 활동을 어느 정도 일반화하고 단순화하여 논리적인 몇 개의 일반적 단계로 나누어 살펴보는 방법을 취한다.

정책의 과정을 이와 같이 논리적인 몇 개의 일반적 단계로 구분하여 살펴보는 것은 다음과 같은 이유 때문이다. 첫째, 그러한 단계적 분석을 통하여 정책과 정책과정 전반의 흐름을 체계적·논리적으로 이해할 수 있기 때문이다. 둘째, 현실적으로 나타나는 다른 여러 가지 형태의 정책과정을 이해하는 하나의 기본적 틀을 제공해 줄 수 있기 때문이다. 셋째, 이 기본적 틀을 토대로 하여 정책과정에 대한 정태적·단면적 관점에서 벗어나 동태적이고 다양한 관점에 의하여 현실의 정책과정을 설명하고 예측하게 해주기 때문이다. 그리하여 현실적으로 다양하게 전개될 수밖에 없는 여러가지 유형의 - 특정정책들 간에는 물론이고 상이한 국가들 간의 - 정책과정을 서로 비교해 볼 수 있게도 해 준다.

그러한 기능상의 활동을 단계로 단순화하는 작업은 학자들의 입장에 의해 다양하게 나타나는데 이를 검토한다.

1. Lasswell의 정책과정론

라스웰은 정책과정에 대한 지식(knowledge of the policy process)과 정책과정에 필요한 지식(knowledge in the policy process)의 용어를 사용하였다. 그는 '얼마나 많은 이산화탄소가 대기 중에 배출되어야만 지구온실효과를 일으키지 않을 수 있는가?'의 문제를 예로 들면서 정책과정에 필요한 지식이 더욱 본질적(substantive)이라고 하였다. 이에 비해 정책과정에 대한 지식은 '이산화탄소의 배출을 줄이는데 민주적인 정체가 어떻게 공개적으로 개입할 수 있는가?'의 문제처럼 절차적(procedural)이라고 언급하였다. 그는 '어떤 집합적 행동의 주요 국면에 대한 일반적인 이미지를 얻기 위한 지침을 제공해줄 인식상의 지도(Lasswell, 1971, 28)'를 만들었고, 후에 자신이 의사결정(the decision process)라고 부른 일곱 단계를 제시했다(Lasswell, 1956).

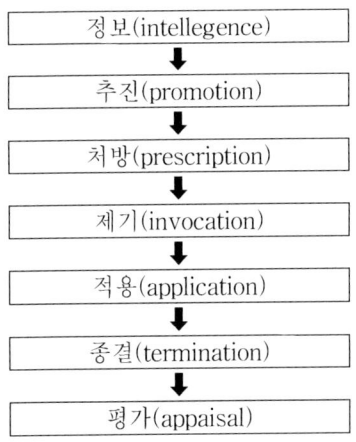

[그림 12] Lasswell의 의사결정단계(decsion process)

이러한 단계의 목록은 정책과학에서 널리 받아들여진 정책이 제안되고, 검토되며, 실행에 옮겨지고, 종결되는 정책의 절차와 과정을 반영한 것이다.

2. Gary D. Brewer의 정책과정

후에 라스웰의 제자인 Gary D. Brewer(1974)가 Lasswell의 정책과정의 제단계를 발전시켜 제시한다. 그의 정책과정의 단계들이 1970년대 이후에 정책과학자들에 의해 수행된 연구의제에 의해서 다시 다듬어진 내용을 반영한 것으로, Peter deLeon(1999)은 이를 좀더 내용적이고 실제적인 용어를 사용하였다고 평가하고 있다.

이 단계들은 개별적으로, 조합해서 공공정책을 개념이나 운용면에서 이해하는데 도움을 준다. 각 단계들이 서로 합쳐질 수도 있지만, 각 단계는 뚜렷한 특징과 양식과 과정을 가지고 있다. 각 단계가 정보와 절차를 공유한다(때때로 공유해야만 한다).

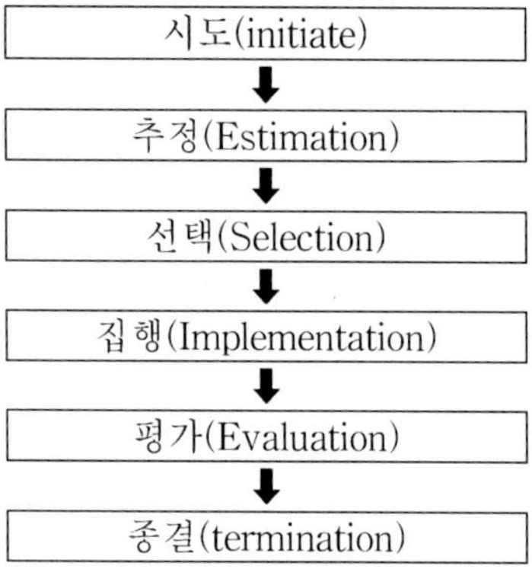

```
┌─────────────────────────┐
│      시도(initiate)      │
└─────────────────────────┘
            ↓
┌─────────────────────────┐
│     추정(Estimation)     │
└─────────────────────────┘
            ↓
┌─────────────────────────┐
│     선택(Selection)      │
└─────────────────────────┘
            ↓
┌─────────────────────────┐
│   집행(Implementation)   │
└─────────────────────────┘
            ↓
┌─────────────────────────┐
│     평가(Evaluation)     │
└─────────────────────────┘
            ↓
┌─────────────────────────┐
│    종결(termination)     │
└─────────────────────────┘
```

[그림 13] Brewer의 정책과정의 제 단계

3. 이 책의 정책과정

이러한 초기의 견해들은 Jones(1970), Anderson(1975), Brewer와 deLeon(1983)등을 거치면서 다음과 같은 단계로 논의되었다. Jones는 문제정의 - 정책형성 - 정책합법화

- 정책집행 - 평가단계 - 종결단계의 순환과정으로 분류하
였다. 이러한 순환과정에는 환류 과정이 반드시 포함된다.
Anderson은 정책의제설정 - 정책집행 - 정책평가의 3단계
로 구분하였다. 또한 Brewer와 deLeon은 정책발안 - 추정
- 정책집행 - 정책평가의 네 단계로 분석한 바 있다.

[표 5] 학자별 정책과정의 제단계

학자	Jones	Anderson	Brewer and deLeon
단계	문제정의 정책형성 정책합법화 정책집행 평가단계 종결단계	정책의제설정 정책집행 정책평가	정책발안 정책추정 정책집행 정책평가

이 책에서는 학자들의 과정론의 단계를 기초로 그동안의
이론적인 발전을 반영하여 모두 7단계로 구분하여 소개하고
자 한다. 이러한 정책과정의 7단계는 정책의제설정 - 정책
문제정의 - 정책목표설정 - 정책대안개발 - 정책대안분석·
채택 - 정책집행 - 정책평가의 순서로 구성된다. 이 책의
나머지 부문에서는 각 단계별로 장으로 편성하여 각 장에서

각 단계와 관련된 개념과 이론, 그리고 사례와 함께 정책과
정의 관리자로서 성공적인 정책과정을 통해 정책의 목표를
달성하는데 도움을 지침을 제시하고자 한다.

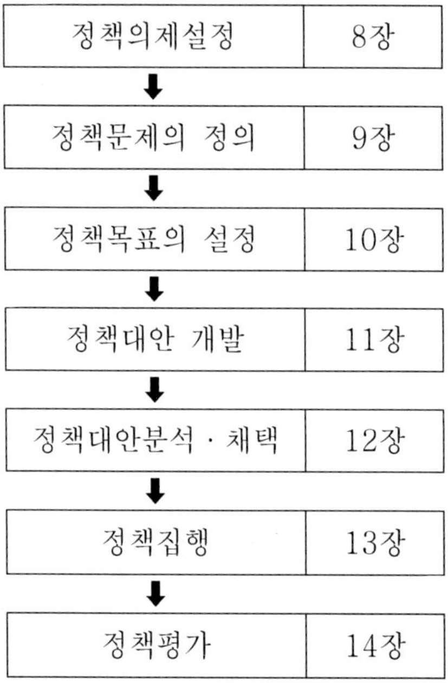

정책의제설정	8장
↓	
정책문제의 정의	9장
↓	
정책목표의 설정	10장
↓	
정책대안 개발	11장
↓	
정책대안분석 · 채택	12장
↓	
정책집행	13장
↓	
정책평가	14장

[그림 14] 정책과정과 책의 구성

제 8 장 정책의제설정

  정책형성은 사회문제가 정책의제화되는 정책의제설정의 단
계를 거쳐 정책문제를 정의한 후 이를 토대로 정책목표를
설정하고, 목표를 달성할 수 있는 여러 가지 다양한 대안을
개발하고 이들 대안을 대상으로 비교분석하여 목표를 달성
하는데 사용될 대안의 조합을 정책으로 만들어내게 된다.
  정책의제의 설정은 정책과정이 시작되는 단계로서, 정부
가 해결하고자 하는 사회문제를 정부내에서 논의하는 주제
인 의제(agenda)로 채택하는 행위의 과정을 말한다. 이 단
계를 통해서 사회적으로 중요한 쟁점들이 정부 내에서 논의
되거나, 사장되거나가 선택되는가가 결정된다.

1. 개인문제로부터 정책의제로

  정책의제는 사회문제로부터 연원하며, 사회문제는 개인
문제로부터 시작한다. 문제란 사람에게 해결욕구를 일으키
는 불만족스러운 상태나 조건이다. 즉 객관적인 상황이나
조건이 존재하더라도 개인이 주관적으로 해결해야 한다고
생각하지 않으면 문제가 되지 않는 것이다. 결국 문제라 함
은 상황보다는 인식의 문제이다. 결혼을 하지 못하고 있는
노총각이 그 상황을 편하게 여기고 오히려 즐긴다면 문제가

아니며, 반면에 미혼을 벗어나려고 한다면 문제인 것이다. 개인적인 문제를 일으키는 상황이 보편적으로 사회 내에 존재하고, 많은 사람이 이를 해결해야 한다고 생각한다면 개인문제는 사회문제로 발전한다. 농촌총각이 결혼을 못하는 문제는 개인문제에서 사회문제로 발전한 예로 볼 수 있다.

또한 사회문제가 공공성, 다양성, 복잡성과 상호의존성을 지니는 문제를 해결하는데 정부의 개입이 필요하다는 인식 하에 문제로 인식되는 경우 정책 문제화하게 된다. 그러한 요건으로는 문제당사자가 해결하기 어려운 문제인 경우, 문제해결에 거대한 자원이 소요되는 경우, 민간부문이 투자유인이 적은 경우, 정치적인 필요에 의한 경우 등이 제시될 수 있다.

2. 의제설정의 하위단계

1) 의제화의 과정: 문제의 성장을 중심으로

의제설정 뿐만 아니라 정책과정이 문제로부터 시작한다. 문제로부터 정부의제, 정책의제로 성장하는 단계를 다음 [그림 15]로 제시할 수 있다.

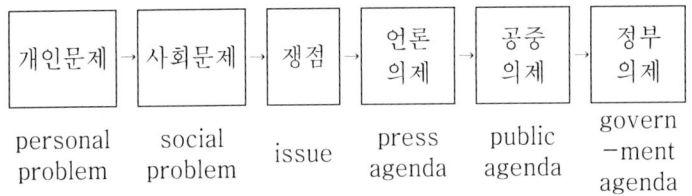

[그림 15] 정책의제설정에 따른 결과물의 진화

(1) 개인문제와 사회문제

문제는 곤란한 상황을 의미하는 일반적인 개념이다. 따라서 문제를 겪는 개인이나 개별 조직들은 문제를 해결하거나 완화시키려고 노력하게 된다. 여기서 개인문제와 사회문제의 차이는 곤란함을 느끼는 범위의 차이를 의미한다. 즉 같은 문제를 겪는 개인이 사회내에 많으면 많을수록 사회문제가 될 개연성은 높은 것이다.

(2) 쟁점

문제에 관해서 당사자 혹은 이해관계인들 사이에 일어나는 갈등을 의미한다. 사회적 문제에 대해 성격·해결방법 등에 관한 집단간 논쟁이 발생한 상태를 의미한다. 상태지위나 자원의 배분과 관련되는 절차적 또는 실질적 문제에 대한 갈등을 모두 포함한다. 쟁점이 표출되는 계기는 **사람**과 **사건**에 의해서 나타난다.

우선 **제안자**를 통해 쟁점이 제기되는 경우는 경쟁적인 당사자들이 문제를 일으키거나, 개인 또는 조직이 자신들의 이익을 증진하려 할 때, 타인의 가치를 옹호하가 위할 때 등이다. 반면 **사건**에 의해 쟁점이 제기되는 경우는 다시 두 가지로 나누어 설명할 수 있다. 첫 번째로 내부적 사건의 경우인데 자연재해에 의한 피해, 예측하기 어려운 사건들(군사혁명 등), 기술의 발전, 자원배분의 불균형으로 인한 집단 항의, 인구폭발이나 도시과밀현상 등과 같은 생태적 변화에 의해 문제들이 사회쟁점으로 부각되기도 한다. 두 번째의 경우는 외부적 사건으로 전쟁이나 전쟁도발행위, 무기기술의 향상, 인접국의 국지분쟁, 국제사회의 동맹국들의 변화 등 외부적인 상황의 변화에 따른 제기상황이 있다.

문제가 쟁점으로 성장하기 위한 조건에 대해 검토할 필요가 있다. 그러한 조건으로는 추상성의 정도, 영향의 범위, 시기상의 범위, 이해의 난이도, 특이성 등이 포함된다. 문제가 모호하게 정의될수록, 사회적으로 중요할수록, 장기적인 것일수록, 기술적인 내용이 적을수록, 그리고 새로운 것일수록 더 많은 사람들에게 확산될 것이라고 예측할 수 있다.

(3) 언론의제

언론에 의해서 쟁점이 보도되면 정책의제로의 진입여부에 대해 비공식적인 논의가 시작된다. 언론은 매개역할을 통해서 쟁점을 여러 사람들이 관심을 가질 수 있도록 문제와 관련된 사실, 그리고 그 사실에 대한 관련 이해당사자들의 주장 등을 객관적으로 보도함으로써 또는 자체적인 의제설정 능력을 발휘하여 여론조사의 분석, 사설, 논평, 토론프로그램 등을 통해서 직접 개입하기도 한다.

사례 9: 의제설정과 언론

통치(Government)의 시대는 지났다. 지금은 협치(Governance)의 시대다. 한국의 언론은 과거 어느 때보다도 더 많은 자유를 누리고 있다. 언론은 하고 싶은 말, 쓰고 싶은 글을 아무런 제약 없이 할 수 있다. 언론의 의제설정 기능이 국가장래를 위해 얼마나 중요한가에 대한 상황인식도 바로 여기에서 기인한다.

'의제설정이 옳아야, 국가가 올바르게 발전한다. 10년 후, 50년 후에도 합당하다고 평가될 의제설정이어야 한다. 국가적 의제설정은 국가백년대계에 관한 문제다.'

이런 관점에서 문제제기를 하나 해보겠다.

언제부터인가 한국의 언론에는 '수도권 과밀화 문제'가 자취를 감추고 말았다. 수도권 문제가 해소됐기 때문인가, 아니면 언론의 문제의식이 사라졌기 때문인가.

이백만, "올바른 의제설정이 올바른 국가를 만든다"(2006)

---

(4) 공중의제

공중(public)에 의해 논의되는 쟁점으로서 이익집단이나 학생집단 등이 관심을 갖는 초기단계와 관심범위를 대중으로 확대하는 경우까지의 두 단계를 거친다.

(5) 정책의제

언론의제와 공중의제를 참조하여 얻은 결과를 통해 정부내에서 논의되는 의제로 성장한다. 물론 모든 언론의제나 공중의제가 정부의제 혹은 정책의제가 되는 것은 아니다. 중요해도 정부가 하기 싫은 경우, 정부가 개입하는 것이 적절치 못한 경우, 정부가 적절한 해결책이 없는 경우에는 정책의제가 되지 못한다. 정책의제로 성장하기 좋은 조건은 뒤에서 논의하기로 한다.

2) 정책의제의 설정단계: 활동을 중심으로

학자마다 다양하지만 여기서는 Cobb과 Elder의 이론을 중심으로 제기-구체화-확산-진입의 네단계로 나누어 살펴본다.

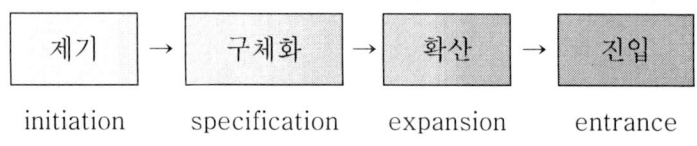

[그림 16] 정책의제설정과정의 단계

(1) 제기(initiation)

사회문제는 적극적으로 사람이 개입해서 표출되거나, 소극적으로 사회의 관심을 끄는 사건을 통해 사회에 알려진다. 우선 문제를 겪고 있는 많은 개인들이 집단화하거나, 기존의 집단을 통하여, 혹은 개인의 역량을 활용하여 그러한 개인의 문제가 사회의 문제임을 사회에 표출한다. 이러한 표출은 전문적인 용어로 기술되기 보다는 일반적 용어에 의해 표출된다.

(2) 구체화(specification)

구체화단계에서는 제기단계에서 표출된 일반적 불평·불만이 구체적인 정책요구로 나타난다. 이러한 전환은 이익집단이나 정당과 같은 주도집단이 중요한 역할을 수행한다. 구체화단계를 통해서 일반적인 용어로 표출된 문제는 좀 더 상세하게 기술된 문제의 형태로 발전한다. 구체적이고 상세하게 기술된 문제는 추상적인 문제보다 관심을 끌 가능성이 커지며, 또한 정책의제로 발전하기도 쉽다.

(3) 확산(expansion)

정부의 의제가 되기 위해서는 정부의 관심을 끌어야 한다. 해당 문제에 대한 인식이 사회에 얼마나 광범위하게 공유되고 있는가에 따라 정부의 관심이 커질 수 있다. 따라서 구체화된 정책문제는 여러 이익집단·사회단체로 요구가 확대되어 간다. 이러한 과정에서 주도집단의 역할과 영향력이 중

요하며, 또한 언론의 기여도 매우 크다. 최근에는 인터넷의
이용이 활발해짐에 따라 인터넷을 통한 확산의 사례가 많이
발견되고 있다. 이러한 확산과정을 거쳐 대중의 관심을 끄
는 공중의제 혹은 대중의제로 성장하는 것이다.

(4) 진입(entrance)
확산단계에서 사회 전체적으로 문제인식을 확산시킨 의제
는 공중의제에서 정책의제로 성장하게 된다. 이러한 성장은
비정부영역의 문제와 의제에서 정책문제와 의제로 채택되는
과정을 의미한다. 정부영역으로 들어온다는 의미에서 '진입'
이라는 용어를 사용한다.

참고: 정책의제설정과정의 단계

여기서는 Cobbrhk Elder외의 다른 학자들의 주장을 정리해본다.

Kendrick

문제진술(phrasing the question)
- 문제전달(communication) -조직화(organization)

Eysenstone

사회의 집단에 의해 사회문제(social problem)가 인지된다
다른 견해를 가진 집단들이 관련된다.
사회문제가 사회의제(social issue)이 된다.

더 많은 집단들이 관련되어 공중의제(public issue)이 된다.

쟁점주도자(issue entreoreneur)들이 활동한다.

공중쟁점이 공식의제(official issue)가 된다

Jones

사건인지 - 문제정의 - 결집 - 조직화 -대표

Birkland

전체의제(Agenda Universe)

- 체제의제(Systemic Agenda)
- 제도의제(Institutional Agenda)
- 의사결정의제(Decision Agenda)

3. 의제설정 모형

Cobb은 정치과정을 비교하는 준거기준으로 '의제 설정'이 유용하다고 주장하면서 외부주도모형, 동원모형, 그리고 내부접근 모형을 제시하면서 쟁점의 제기, 구체화, 확산 및 진입이라는 4가지 단계별 특징에 의해 분류하는데 다음 [그림 17]과 같이 요약해 볼 수 있다.

1) 외부주도형 의제설정

정책의제설정시 정부 밖의 조직이 주된 활동자가 되는 경우의 의제설정을 외부주도형 의제설정이라고 한다. 문제의 당사자로 구성되거나 문제를 겪는 사람들을 대변하는 주도집단의 활동으로 문제를 제기한 후 구체화시키고, 구체화된 문제를 관심집단에게 제공함으로써 문제인식을 사회전체적으로 확산시켜서 공중의 관심을 이끌어내어 정부가 이에 반응하게 되는 수순을 밟아가게 된다. 우리나라에서는 경실련의 주장에 의한 임대차보호법의 제정, 페놀 사건 이후 환경규제의 강화 등이 외부주도형 의제설정의 예로는 제시될 수 있다.

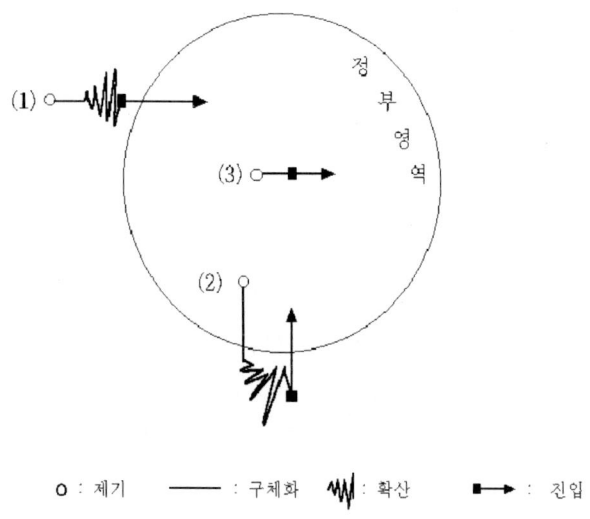

O : 제기   ──── : 구체화   ⋀⋀⋀ : 확산   ■▶ : 진입

[그림 17] 의제설정모형

2) 동원형

정부외부의 국민이나 집단은 관심이 없는 문제에 대해 정부내에서 문제를 제기하고 구체화시킨 후 사회적인 공감대를 형성한 후 다시 정책의제로 선정되게 하는 과정으로 국민의 관심을 유도하는 의미를 부각시켜 '동원형 의제설정'이라고 부른다. 다수 국민의 자발적 순응이 필요한 경우, 즉 가족계획, 지역개발의 경우가 대표적인 예이다. 우리나라에서 찾아 볼 수 있는 동원형 의제설정의 사례로는 경부 및 호남고속철도, 경차우대정책 등이 있다.

3) 내부접근형

정부 내부의 주도에 의해 발의, 구체화되어 바로 정책의제로 선정되는 경우를 말한다. 동원형과 유사하지만 확산의 단계를 거치지 않는 점에서 다르다. 국민이나 대상집단의 순응이 필요하지 않은 경우 군이 국민의 공감대를 형성하는데 노력을 경주할 필요가 없기 때문이다. 기술적이고 전문적인 정책이며, 영향범위가 작은 정책인 경우에 내부접근형의 의제설정이 빈번하다. 이동통신사업자 선정, 무선영상이동전화(IMT 2000) 기술개발 및 상용화 계획 등의 예가 있다.

사회의 특성이나 정책의 특성에 의해 의제설정과정이 달라질 수 있다. 정부에 대한 시민사회의 자율성이 튼 사회일수록 외부주도형의 정책의제설정이 많을 것이다. 또한 정책의 성격면에서도 국민의 생활과 밀접한 문제일수록 외부주도형 의 의제설정과정을 거치게 될 것이다.

4. 정책의제설정에 영향을 미치는 요인

1) 문제의 특성과 관련된 요인

문제가 갖는 사회적 영향력, 문제의 심각성, 문제의 구체 성정도, 해결책의 존재여부에 의해 의제설정이 달라진다.

우선 사회적인 영향력인 큰 문제일수록 정책의제가 될 가 능성이 높다. 이는 사회적으로 관심이 큰 문제가 쉽게 정책 의제로 설정된다는 것이다.

다음으로 문제가 구체적으로 정의되어 제시될수록 일반 대 중에 관심을 기울일 가능성이 크기 때문에 쉽게 확산되고 따라서 정책의제가 될 가능성이 높다는 것이다.

또한 문제가 심각한 경우에 쉽게 의제화한다. 이는 문제를 겪고 있는 집단이 적극적으로 활동할 가능성이 높기 때문이 다.

문제에 대한 해결책이 명확하게 존재하는 경우에 의제로 채택되는 가능성이 높다. 해결책에 대한 확신이 없는 경우 는 대중의 관심을 이끌어내기가 쉽지않다.

2) 참여 집단과 관련된 요인

의제설정에 주도적인 역할을 하는 주도집단의 가치에 대한 몰입정도, 능력에 따라 문제가 정책의제로 성장할 가능성이 결정된다.

우선 문제의 의제화를 주도하는 집단이 영향력이 클수록 의제화될 가능성이 크다. 이러한 영향력은 정책모형을 논하는 장에서 이미 설명하였듯이 질적인 변인과 양적인 변인에 의해 결정된다. 질적인 변인에는 집단의 결속력, 집단의 리더십, 외부집단과의 연대정도, 정책결정자에 대한 접근도 등이 포함되고, 양적인 변인에는 집단의 회원수, 집단의 재정력, 집단의 지리적 분산수 등이 영향을 미친다. 따라서 자기 집단이 갖고 있는 문제를 정책의제로 설정하고 싶은 집단은 이러한 변인을 변화시켜 영향력을 키우는 전략을 선택해야 한다.

3) 환경요인

정서적 측면, 국제적 유행 등이 정책의제설정에 영향을 미친다. 우선 문제와 관련한 사회의 공감대와 정서적 반응에 따라 의제채택가능성이 높아진다. 예를 들어 전통적인 유교적인 공감대로 인해 매매춘과 같은 문제는 의제로 설정되기 어려운 상황이다. 또한 국제적으로 작은 정부로의 정부혁신이 일반화 되어 있는 상황에서 국유화와 관련된 의제를 채택한다거나, 공무원수를 대폭 늘려야 한다는 의제는 채택되기 어렵다. 따라서 정책의제를 만들어 내고자 한다면 국민의 정서적인 측면과 국제적인 환경에 대한 이해가 필수적이다.

지침 (Guidelines) - 1	성공적인 정책의제설정을 위한 지침
	● 의제설정과정은 '제기-구체화-확산-진입'의 단계로 진행한다.
	● 중요한 문제부터 다루어야 한다.
	● 다양한 집단과 개인의 의견을 수렴해야 한다.
	● 그래야만 중요한 문제부터 정책과정을 수할 수 있다.
	● 정책과정에서 사용하는 자원은 국민으로부터 나온다.

제 9 장   정책문제정의

사회문제가 정책의제로 설정된 후에는 사회문제가 정책문제로 정의되어야 한다. 이견이 존재하는 사회문제의 원인들에 대해 정부가 공식적으로 의견을 집약하여 어떤 원인이 문제를 발생시키는지를 선택하고 우선순위를 부여해야한다. 우선 문제의 중요성을 인식하는 것이 중요하다. 다음의 문제를 통해 문제가 정확히 인식되는 것이 얼마나 중요한지를 알 수 있다. 여기서 풀어야 하는 문제는 엄격이 말하면 problem이 아니라 question으로 차이가 있지만 답을 찾는다는 의미에서는 크게 다르지 않으므로 설명에 무리가 있는 것은 아니다.

[문제] 다음의 점 아홉 개를 네 개의 직선을 이용하여 모두 연결해 보라.

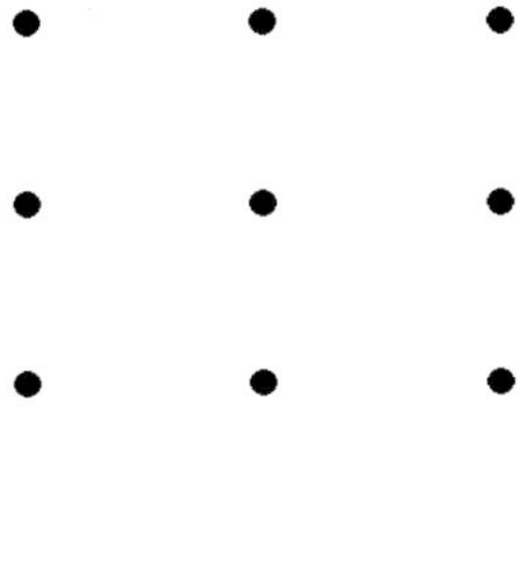

[그림 18] 9개의 점에 관한 문제

대부분의 사람들은 이 문제를 푸는 과정에서 몇 개의 직선을 점 위에 그릴 것이다, 그렇게 그려진 선들은 일반적으로 둘레를 형성하는 네 꼭지점으로 이루어진 사각형을 벗어나지 않았을 것이다. 여러분은 아마도 점 아홉 개의 외곽을 연결하는 사각형의 범주 안에서 선을 연결하려고 하였을 것이다. 문제를 정확하게 인식하면 정확한 해결책들이 보이는 것이다. 여기서 정확한 문제라 함은 네 꼭지점 안에서 선을 연결하라는 제약이 없다는 것을 인식하는 것이 중요하다. 이를 위해서 우선 문제의 개념에 대해 논의하기로 한다.

1. 문제의 의미

Dery에 따르면, 문제는 몇 가지 모습을 갖는다. 우선 문제는 문제를 겪는 사람들이 처한 곤란한 상황을 의미한다. 이는 바람직한 상황과 현재상황이 차이를 보이는 것을 의미한다. 그런데 차이가 해결 가능해야 문제로서 지위를 갖게 된다. 또한 개선할 수 있는 기회로서 인식되어야만 문제의 지위를 갖게 된다. 이를 종합적으로 정리하면 정책문제는 개선이 가능하다고 인식된 바람직한 상황과 현재 상황과의 차이로서 정의할 수 있다.

문제의 의미에서 '문제를 인식하고 있는가?' '그렇지 못한가?'의 여부가 중요하다. 문제를 인식한다는 것은 문제 상황을 주목하기 시작하는 첫 단계이기 때문이다. 또한 문제를 인식하는 순간부터 계속 성장할 문제의 성장을 멈추게 하기 때문에 문제를 인식하는 것은 매우 중요하다. 문제를 적기에 인식하지 못하면 문제는 위기로 성장하고, 문제를 해결하지 못하게 되거나 문제를 해결하는데 더욱 어려워진다. 따라서 심각한 문제는 문제 그 자체가 아니라 문제를 인식하지 못하는 것이다. 이를 다른 측면에서 설명하면 문제를 인식하는 능력에 따라 개인이나 조직, 국가의 발전정도를 평가할 수 있다는 것이다.

그리고 '어떻게 문제를 정의하는가?'도 중요하다. 문제를 정의하는 방향에 따라 대안이 달라지기 때문에 해결가능성에 영향을 미친다.

2. 문제인식의 중요성

문제인식은 문제상황을 주목하기 시작하는 첫 단계로서 다음과 같은 네가지 정도의 이유에서 매우 중요하다.

첫째, 어떤 문제상황이 존재할 때 이를 인식하는가 혹은 인식하지 못하는가에 따라 정책과정전체가 진행할 수도 있고 그렇지 못할 수 도 있기 때문에 매우 중요하다.

둘째, 첫 번째 이유와 관련되는 것으로 문제상황에 대해 주목하기 시작하면 문제에 대해 어떤 대책으로 이어지기 때문에 유기체처럼 성장하는 문제의 자람을 멈추게 할 수 있다. 문제가 있다는 것은 실제로는 문제가 아닌 것이다. 여기서 우리는 문제와 위기를 구별해 볼 필요도 있다. 적당한 시기에 문제를 인식하지 못하면 문제는 위기로 성장하게 된다는 것이다. 가장 큰 문제는 문제가 있다는 것이 아니라 문제를 인식하지 못하는 것이다.

셋째, 문제를 빠르게, 정확하게 인식하고 정의하면 문제를 해결하는데 드는 비용을 줄일 수 있다. 이는 인체의 문제인 암과 비유하여 설명할 수 있다. 암은 발견되는 시기, 혹은 암의 심각성에 따라 1기부터 4기로 분류한다. 1기 암은 발생초기에 발견되어 심각하지 않은 암을 말하며, 말기 암은 그 반대의 경우이다. 이처럼 문제도 조기에 발견된 경우는 쉽게 해결할 수 있고, 비용도 적게 든다. 따라서 문제를 조기에 발견하는 것은 매우 중요하다.

넷째, 문제인식은 대안과 관련을 맺고 있기 때문에 해결가능성을 제한하게 된다. 모든 인식은 행동과 관련을 맺는다. 영어단어인 'radical'은 인식을 의미할 때는 '근본적인, 기초적인'의 의미로 쓰이지만 행동을 의미할 때는 '과격한, 급진적인'의 의미로 사용된다. 이는 근본적인 문제인식을 갖는 이는 급진적인 대안, 과격한 행동으로 연결되는 현상을 떠올리면 쉽게 이해할 수 있다. 이와 비슷한 예로 positive는 긍정적인(인식), 적극적인(행동)의 두가지 의미를 표현하며, negative는 부정적인(인식), 소극적인(행동)의 두가지 의미로 사용된다. 문제인식은 대안을 제한하게 된다. 어떤 대안을 선택하는가에 따라 문제해결 가능성이 달라지기 때문에 어떻게 문제를 인식하는가에 따라 문제해결가능성이 결정되는 것이다.

3. 문제인식의 양상

문제를 인식한다는 것은 문제의 전체를 인식 하기보다는 부분적으로 인식하는 것이 보편적이다. 선택적인 인식이 일반적인 것이다. 문제를 인식하는 과정을 [그림 19]을 중심으로 살펴보자.

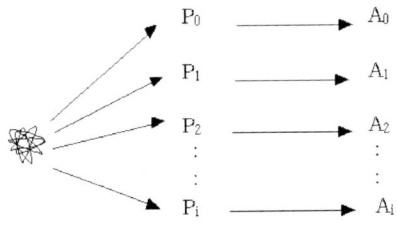

🔬 : 실제 문제상황
P_0 - P_i : 문제인식 (ex. P_0 = 문제가 없다는 인식)
A_0 - A_i : 대안 (ex. A_0 = 대안이 없다)

[그림 19] 문제인식과 대안탐색

1) 정책문제의 실상: 문제는 복잡하다

정책문제는 여러 가지 다양하고 복잡한 모습을 띠고 있다. 추상적이기도 하고 여러 가지 다른 원인들과 관련을 맺고 있기 때문에 간단하게 '이렇다'라고 이야기할 수 없다. 각기

다른 이해관계의 사람들에게 다른 모습으로 비추어지게 된
다. 또한 다양한 시각에 따라 문제가 달리 보인다. 따라서
문제는 하나의 시각과 관점에서 보아서는 안 된다.

2) 정책문제의 인식: 복잡한 양상 중에서 소수만을 선택

복잡한 문제에 대해 문제가 없다고 인식할 수도 있다. 또
한 자신이 갖고 있는 경험이나 이론에 근거해서 각기 다른
문제원인을 제시하기도 하고 문제가 없다고 판단하기도 한
다.

여러분이 한 호텔의 지배인이라고 가정하자. 많은 고객이
엘리베이터가 너무 늦게 온다는 불만을 표한다고 하자. 이
상황에 대해 어떤 지배인들은 엘리베이터의 속도가 너무 느
리다고 생각하고 엘리베이터의 기계적인 결함이 원인이라고
생각할 것이다. 다른 지배인들은 엘리베이터 앞에 관심을
기울일만한 대상이 없어 심리적으로 늦게 온다고 느끼는 것
이라고 생각한다. 그리고 또 다른 어떤 사람들은 단지 짧은
시간도 참지 못하는 것이 문제일 뿐 다른 문제는 없다고 판
단하기도 한다.

이런 상황을 통해서 본다면 문제의 정의는 문제 상황에 대
해 생각할 수 있는 다양한 원인 중에서 타당한 원인들을 골
라내는 것과 관련된다. 한 걸음 나아가 선택된 문제들 중
가장 문제에 중요한 영향을 미치는 원인을 순서에 따라 골
라내는 것과 관련된다.

3) 문제인식의 시기가 중요하다

문제인식은 문제해결의 시작점이다. 따라서 문제를 좀 더 이른 시기에 인식하는 것이 매우 중요하다.

사례 10: 필름회사의 문제인식과 대응

디지털카메라가 보급되기 전에 필름카메라가 일반적이었다. 이 당시 카메라 회사는 매우 많았지만 필름을 만드는 기술을 보유한 회사는 많지 않아 국제적인 과점상태였다. 미국의 코닥, 일본의 후지, 독일의 아그파 등의 필름회사들은 우량기업이었다. 그러나 디지털 카메라의 출현은 필름회사에게 잠재적인 문제로 대두되었다. 디지털카메라는 다름 아닌 필름이 필요 없는 카메라였기 때문에 필름시장이 축소될 것이라는 것은 예견가능한 것이었다. 그러나 필름회사의 문제인식은 회사마다 달랐고, 문제인식을 일찍 했는가와 그렇지 않았는가에 따라 회사들의 운명은 갈렸다. 코닥과 후지필름은 디지털카메라 생산과 다른 유사제품으로 주력생산품을 변경하여 유지하고 있지만, 뒤 늦게 문제를 인식하고 대응한 아그파는 결국 파산하였다.

아듀! 아그파 필름…디카에 밀려 파산신청

"세계적인 아날로그 필름업체가 필름 없이 사진촬영이 가능한 디지털시대를 맞아 무너졌다. 138년 전통의 독일 필름업체인 아그파 포토가 쾰른의 지방법원에 파산 신청을 했다고 독일 언론이 27일 보도했다. 아그파(Agfa)는 1889년 흑백 필름을 개발했으며 1936년에는 세계 최초로 컬러 필름을 판매했다." [동아일보]2005-05-30

4) 문제인식과 대안: 문제는 대안과 관련된다

문제인식(P)는 필연적으로 대안(A)을 제한한다. 앞의 호텔의 일화로 돌아가 보자. 불만을 제기한 고객이 문제일 뿐이라는 시각은 곧 문제가 없다는 인식으로 대안도 마련하려하지 않을 것이다. 기계적인 결함이라고 문제를 진단하는경우에는 엘리베이터를 수리하거나 교체하는 대안을 선택할것이다. 고객의 관심을 끌만한 대상이 없다는 것이 문제라고 파악한 지배인은 엘리베이터 앞에 조각품이나 거울, 꽃등을 꽂아놓는 방법을 강구할 것이다. 이렇듯 문제인식과정의는 대안을 제한하기 때문에 정책과 정책과정의 성공에큰 영향을 미친다.

사례 11: 만화속에 나타난 잘못된 문제인식

자료: 조선일보

3. 정책문제정의에 포함되는 내용

타당한 정책문제의 정립을 위해서는 상당히 포괄적인 의미에서 정책배경에 대한 검토까지가 필요하다. 여기에서 검토해야 할 주요 내용은 다음과 같다.

1) 문제 상황

우선 문제시되는 상황의 과거, 현재의 상태와 조건을 분석한다. 그리고 문제시되는 상황이 과거에서 현재까지 어떻게 변화되어 왔는지에 대해서도 분석해야 한다. 이러한 분석은 문제에 대한 포괄적 이해를 도울 뿐 아니라, 문제시되는 상황이 앞으로 어떻게 전개되어 나갈지를 예측할 수 있게 해주고 문제해결을 위한 행동의 시기를 판단하는데 도움을 준다.

2) 정책문제의 결과나 미래

정책문제의 원인을 파악하고 나면 정책문제가 진행되면 어떤 결과를 나을 것인가를 분석하는 것이 중요하다. 또한 이러한 정책문제가 얼마나 중요하고 심각한지를 분석해야 한다. 문제로 인해 피해를 보는 집단의 규모, 정책문제의 파급범위, 그리고 문제로 인한 피해의 심각성을 분석해야 한다.

3) 문제와 관련되는 과거와 현재의 정책에 대한 분석

특정의 정책문제와 관련이 있는 정책이 현재 있는지, 또는 과거에 있는지 여부를 살펴보는 것이 필요하다. 그 정책문제가 이전에는 전혀 문제로 등장하지 않았거나 과거에 그와 유사한 문제를 해결하기 위한 정책이 만들어진 적이 없는 경우도 있지만 그렇지 않은 경우도 많다. 만일 그 문제 또는 그와 유사한 문제를 해결하기 위한 정책이 있(었)다면 그 정책의 성패를 평가하고 그 원인을 분석하는 것이 필요하다. 과

거에 이루어진 문제분석과 정의의 내용을 검토하고 그를 토
대로 모색된 해결방안에 대한 비판적 분석을 통해서 분석의
대상인 정책문제를 보다 잘 파악할 수 있기 때문이다.

4) 정책문제의 원인과 원인간의 구조

정책문제는 여러 측면에서 분석되고 정의될 수 있다. 문제
자체가 여러 가지 요소들의 복합체일 뿐만 아니라, 문제의
어떤 측면과 요소들을 핵심으로 보는가는 사람에 따라 다르
기 때문에 문제에 대한 정의는 다양하게 나타난다. 그러므
로 문제를 파악하는데 있어서 제일 먼저 수행해야 할 일은
정책문제를 구성하고 있는 여러 가지 요소(측면)들을 개괄
적으로 파악하는 것이다.

5) 정책문제의 원인의 상대적 중요성

문제를 정확히 이해하고 진단하기 위해서는 문제의 원인을
분석하는 것이 필수적인 작업이라 할 수 있다. 왜냐하면 가
장 중요한 정책수단은 바로 문제시되는 상황을 발생시킨 원
인을 파악하여 이것을 제거하는 것이기 때문이다(정정길,
1989: 437). 문제의 원인을 밝혀 낸 다음에는 그 원인이 해
결 가능한 것인지 아닌지를 판단한다. 그리고 그러한 원인
과 결과의 인과구조를 파악한다.

6) 정책문제 관련 집단의 파악

특정의 문제에는 그것 때문에 피해를 입는 집단이 반드시

있다. 문제로 인해 피해를 보는 집단이나 계층은 정책문제
에 따라 다르다. 서로 다른, 다양한 집단이 문제 때문에 피
해를 입게 된다. 한편 그 문제를 방치함으로써 이익을 누리
고 있는 집단이나 계층이 있을 수 있다. 특정문제에 대해서
이해관계를 갖고 있는 관련 집단들은 정책의제의 형성과 억
제를 위해서, 즉 자기들에게 유리한 정책문제의 정의를 위
해서 노력한다. 정책문제로 인해 고통을 받고 있는 집단이
누구이고, 반사적 이익을 누리고 있는 집단이 누구인지, 그
들 외에 당해 문제에 관심을 갖고 있는 집단은 누구인지,
그리고 그들이 갖고 있는 문제의식은 어떠한지를 파악하는
것은 정책대안의 마련과 정책과정의 관리전략을 세우기 위
해서 꼭 필요한 작업이다. 또한 문제의 해결과 관련하여 참
여하리라고 예상되는 집단과 기관, 그리고 관심대중의 크기
등에 대해서도 잘 파악할 필요가 있다.

7) 정책결정자 및 문제해결 요구집단의 추구하는 가치분석

문제는 현재 또는 미래 상태에 대한 인식과 바람직하다고
여겨지는 상태에 대한 주관적 가치판단에 입각하여 정의된
다. 그러므로 문제의 본질을 제대로 파악하기 위해서는 문
제해결을 요구하는 관련 집단이나 정책결정자가 바람직하다
고 여기는 상태가 어떠한 것인지를 밝히는 것이 필요하다.
물론 이에 대한 분석이 쉬운 일은 아니다. 그러나 문제의
주관적 성격과 문제정의 속에 포함되는 가치 함축적 의미를

고려해 볼 때 관련자의 가치관을 분석하지 않는다면 문제분석은 그만큼 불완전한 것일 수밖에 없다.

8) 정책문제의 변화가능성과 새로운 문제발생의 예측

 문제는 시간이 지남에 따라 변화한다. 지금 중요시되는 정책문제가 앞으로 점점 더 심각해질 것인지, 아니면 시간이 지남에 따라 저절로 해결된 것인지에 대하여, 즉 문제가 어떻게 변화할 것인지를 예측하여야 한다(Dunn, 1981: 125). 그리고 현재 상황의 변화가 새로운 문제를 발생시킬 가능성에 대해서도 예측할 필요가 있다. 기존정책 문제의 변화와 새로운 문제의 등장을 예측하기 위해서는 질적 예측방법과 통계적 또는 계량적 예측방법 등을 활용할 수 있다.

4. 정책문제정의를 바르게 하기 위한 조건

 정책을 바르게 형성해서 정책과 정책과정을 성공으로 이끌기 위해서는 문제인식과 정의가 정확해야 한다. 이를 위한 조건을 제시한다.
  첫째, 날카로운 문제인식과 비판정신을 갖추어야 한다. 문제가 발생해서 커지기 전에 인식할 수 있어야 한다. 일어날 수 있는 문제를 미리 파악하는 것도 매우 중요하다.
  둘째, 나와 다른 문제의식, 비판의식을 수용하는 감수성이 있어야 한다. 앞에서도 살펴본 바와 같이 같은 문제를

보는 다양한 시각이 있음을 인정하고, 나 자신만의 문제인
식은 한계가 있다는 전제에 기초하여 다른 문제인식에 대응
해야 한다. 자신의 문제인식과 경쟁적일 수도 있고, 보완적
일 수도 있는 다른 사람, 집단, 조직의 문제인식을 객관적
으로 검토하고 수용해야 한다.

셋째, 여러 다양한 문제인식에 대해 종합적인 시각을 가
져야 한다. 문제에 대한 다양한 시각과 견해를 파악하여 종
합적인 문제인식을 완성해야 한다.

개인적인 수준에서는 결정기술과 전략에 대해 훈련을 통해
습득해야 한다. 조직적인 수준에서의 바른 결정을 위한 조
직구조와 관리방식을 갖추는 것에 관심을 기울여야 하며,
조직구성원들이 비판의식과 감수성을 지닐 수 있도록 교육
훈련방식을 갖추어야 한다.

사례 12: 나찌하 독일의 '죄 없는 사람들의 죄'

2차 대전중에 유태인이 600만명이 죽었다. 이것은 나찌 정
권의 잘못이긴 하지만 나찌 정권의 탄생과 활동에 협력한 독
일국민에게도 잘못이 있다. 근면검소하다고 알려진 독일인들
은 인류에 큰 죄를 지은 것이다. 다음 이야기는 한 사례로서
우리가 현대사회를 살면서 문제를 찾는 노력을 게을리 해서는
안된다는 점을 알려주고 있다. 특히 세분화된 업무를 수행할
때 전체적인 시각을 갖고 자신이 담당하는 일의 목적, 처음과
끝, 원인과 결과에 대한 종합적인 시각이 필요함을 알려주고

있다.

"A는 부지런한 전형적인 독일인이다. A는 다른 이들보다 일찍 먼저 사무실에 출근해 사무실을 깨끗하게 정리하고, 그 날 맡겨진 일을 한 치의 오차도 없이 수행하였다. 그리고 일이 끝나면 바로 집으로 돌아가 가족들과 단란한 시간을 보낸다. 너무나 건전한 A였지만 매우 큰 죄를 저지른 것이다. 그의 일은 30분마다 버튼을 누르는 일이었는데, 버튼을 누를 때마다 가스실에 가스가 들어가고 유태인이 죽어나갔다."

아우슈비츠수용소(좌)와 가스실 내부(우)
그림출처: http://blog.naver.com/yehann/

지침 (Guidelines) - 2	**성공적인 문제인식을 위한 지침** • 문제는 문제가 아니다. 진짜 문제(위기)는 문제를 인식 못하는 것이다. • 문제를 인식하는 순간부터 문제를 해결하는 과정이 시작된다. • 문제를 인식하는 시각은 매우 다양하다. • 우선 자신이 문제에 민감해야 한다. • 그리고 문제를 제기하는 사람이나 단체를 존중하고, 그들의 문제제기에 귀기울어야 한다.

지침
(Guidelines)
- 3

성공적인 문제정의를 위한 지침

- 문제정의는 인식된 문제를 구체적으로, 정확하게 표현하는 것이다.
- 구체적으로 정의된 문제는 문제의 범위, 원인을 명확히 밝히는 것이다.
- 구체적으로 정의된 문제일수록 명확한 목표를 만들어내는 기초가 된다.
- 문제정의는 정확해야 합니다. 잘못된 문제정의를 통해서 목표를 설정하면 문제를 해결할 수 없다. 문제가 대안을 제약하기 때문이다.
- 많은 문제의 원인 중에서 소수의 문제의 원인이 문제양상의 대부분을 발생시킨다. 이 문제 원인을 해결하면 문제의 많은 부문이 해결된다.
- 정의된 문제와 목표를 다양한 정책참여자와 정책 환경 요소에 설명하고 지원을 호소하기 위해서는 시각자료를 활용하는 것이 좋다.

제 10 장   정책목표설정

　정책목표는 정책을 통하여 달성하고자 하는 바람직한 상태를 의미한다. 바람직한 상태가 어느 시점의 문제를 해결하는가의 관점에서 소극적 목표와 적극적 목표라는 이름으로 나누어 설명할 수도 있다. 또한 현재에 나타난 문제를 치료하는 목표와 나중에 나타날 문제를 미리 예방하는 목표로 분류해서 설명할 수 있다.

　정책목표는 문제를 해결한 상태를 의미하는 소극적 측면의 목표와 문제를 미연에 예방하는 적극적 차원의 목표도 존재한다.

1. 정책목표의 기능

　정책목표는 정책목표를 달성하는 경우에 문제상황을 변화시키는 역할을 수행하며, 정책과정 전반에 걸쳐 관련된 활동의 기준 또는 지침으로서 의미가 있다.

1) 바람직한 상태의 실현

　정책목표를 달성하는 경우 정책의 구체적 내용에 따라 환경의 개선, 물가안정, 사회적 형평의 달성 등 사회를 바람직한 상태로 변화시키는 역할을 한다.

2) 정책활동의 기준 또는 지침으로서의 기능

정책형성, 집행, 평가의 정책과정 전반에 걸쳐 활동의 잣대역할을 한다. 정책형성단계에서는 최선의 대안이나 대안의 조합을 선택하는 판단기준으로서 적용된다. 정책을 집행하는 과정에서는 집행과 관련된 정부 혹은 관련된 여러 조직들의 결정과 행동의 지침으로서 작용한다. 정책을 평가하는 단계에서는 평가기준으로서 정책의 결과에 대해 가치를 부여한다.

2. 바람직한 정책목표의 요건

바람직한 정책목표는 타당성, 적절성, 일관성, 명확성이 있어야 한다.

1) 타당성

우선 정책목표가 담고 있는 내용이 타당성이 있어야 한다. 이는 해결하려는 정책문제와 분명한 연결고리가 있어야 함을 의미하다. 해결할 정책문제는 A인데 관련성이 적은 B를 목표로 삼는다면 정책목표를 달성한다 해도 정책문제를 해결하기를 기대하기는 어려울 것이기 때문이다.

2) 적절성

두번째로 정책목표는 문제에 비추어 적절한 수준을 지향해야 한다. 문제의 심각성과 중요도에 비추어 적절한 수준에서 목표를 결절해야 한다. 10을 들이면 해결할 수 있는 문제를 20을 들여서 달성한다면 목표달성의 의미가 희석되기 때문이다. 정책과정의 과비용의 억제하기 위해서 필요한 조건이다. 우리 옛말에 호미로 막을 것을 괭이로 막는다는 말이 목표의 적절성을 적절하게 표현한다고 볼 수 있다.

3) 일관성

세번째, 관련된 다른 정책목표들과 일관성이 있어야 한다. 유사한 정책들간에 목표가 일관성을 유지하지 못한다면 목표를 달성하기 위한 여러 노력들이 초점을 잃고, 공동의 목표를 위해 협업하는 것이 아니라 오히려 장애가 되는 가능성도 배제할 수 없기 때문에 유사정책과의 목표의 일관성도 매우 중요한 조건이다.

4) 명확성

목표는 명확하게 표현될수록 좋다. 정책목표를 관련자들이 정확하게 이해할 수 있도록 분명하게 표현되어야 한다. 비전(vision)이라는 단어의 vis(시각적)가 담고 있는 의미를 생각해 볼 필요가 있다. 목표를 시각화해서 표현한 것이 비젼이라고 할 때 시각적인 것은 바로 목표를 바라보는 관련자들이 명확하게 이해할 수 있는 가능성을 높여주기 때문이다.

| 지침
(Guidelines)
- 4 | **성공적인 정책목표설정을 위한 지침**
• 목표는 문제가 해결된 바람직한 상태를 보여주는 것이다.
• 목표는 명확하고, 구체적이며, 일관된 것이 좋다.(vision과 television)
• 목표는 문제, 특히 문제원인의 제거를 의미한다. 따라서 문제정의에 기초해야 한다. |

제 11 장　정책대안개발

최선의 정책수단을 선택하기 위해서는 우선 정책대안을 빠짐없이 광범위하게 탐색하고 개발하는 것이 중요하다. 이를 위해서는 어디서 어떻게 대안을 만들어 내는가가 중요한 주제가 될 것이다. 다음에서는 정책대안의 의미, 정책대안을 만들어내는 근원, 만드는 절차와 방법에 대해 살펴보기로 한다.

1. 정책대안의 의의

정책대안은 정책목표를 달성하고, 정책문제를 해결하거나 경감시키기 위해 계획된 행동경로를 의미한다. 정책대안은 정책문제의 인식과 정의에 제한 받지만 정책문제가 정확하게 인식되었다고 해서 바람직한 정책대안이 필연적으로 산출되는 것이 아니기 때문에 신중한 노력이 필요하다.

2. 정책대안의 근원

우선 이미 존재하고 있는 다양한 관련 정보들을 활용하는 것이 필요하다. 다양한 정보 소스를 활용해야 한다. 그러한 정보소스로는 과거의 정책, 다른 정부나 외국의 정책, 과학·

기술·모형 등이 있다. 이러한 정보소스에 접근하는 능력이 정책결정의 질을 담보하는 전제조건이 된다. 이러한 상황은 know-how보다 know-where가 중요시되는 상황과 맥락을 같이한다. 이를 위해 정보를 얻을 수 있는 인맥과 인터넷 등의 검색기술 등도 중요하다. 국가 전체적으로는 정책정보를 체계적으로 database화하는 것이 정보사회를 위해 준비해야할 중요한 과제라고 할 수 있다. 이러한 필요성은 개인이 의사결정을 할 때, 잘 정리된 메모로부터 힌트를 얻을 수 있는 것과 마찬가지이다.

1) 과거의 정책

이는 역사적인 관점에서 유사한 문제를 다루었던 경험을 근거로 해서 현재의 문제에 대한 대안을 유추하는 것을 의미한다. 과거의 성공과 실패가 대안을 개발하는데 중요한 정보를 제공한다.

2) 다른 정부나 외국, 기업의 예

이는 비교의 관점이라고 볼 수 있다. 우선 유사한 문제를 겪었던 다른 수준의 국내정부로부터 대안에 관련된 정보를 얻을 수 있다. 상위정부와 하위정부 모두 대안에 관련된 아이디어를 제공해줄 수 있는 가능성이 있다. 또한 외국정부도 중요한 정보의 원천이다. 국제화되면서 정책문제의 인식

또한 국제적인 동조현상이 있는 만큼 외국정부의 문제해결 노력도 중요하게 의식할 필요가 있다. 그리고 민간과 공공 부문조직간의 구분이 모호해 지는 경향이 두드러지고 있기 때문에 민간기업의 경험 또한 정책대안을 위한 중요한 정보 원천이 될 수 있다.

3) 이론모형

시공간적으로 비교할 대상이 없는 경우에는 이론모형을 통해서 대안을 구성할 수 있다. 특정한 모형들은 사회현상의 인과관계를 담고 있는 경우가 있는데 이를 활용하여 대안을 원인으로 제시하고 정책목표를 결과로 대입하여 목표달성을 위한 대안의 가능성을 유추할 수 있다.

4) 창의적 대안

기존의 정보소스를 활용하는 것과 함께 정책대안의 탐색과 개발에는 창의성이 중요하다.

창의적인 대안은 '노을'하면 저녁노을만을 생각하는 잘못된 상식, 혹은 고정관념, 선입견에서 벗어나야만 만들어 낼 수 있다. '노을'을 국어사전에서 찾아보면 잘못된 선입견이 실상을 잘못 파악하게 한다는 사실을 아주 쉽게 경험할 수 있을 것이다.

여러분은 아마도 점 아홉 개의 외곽을 연결하는 사각형의 범주안에서 선을 그을려고 하였을 것이다. 문제를 새롭게 인식하면 새로운 해결책들이 보이는 것이다.

창의성을 위해서는 감수성이 중요하다. 자신의 감수성뿐만 아니라 참여자의 감수성을 활용하는 것도 중요하다. 개인적인 편견과 선입견을 버리지 않으면 훌륭한 대안을 초기부터 무시할 수 있다. 따라서 제한을 두지 않고 다양한 대안을 수렴하는 태도가 중요하다.

3. 정책대안 개발의 방법과 절차

1) 브레인스토밍

창의성을 활용하여 대안을 개발하는 방식을 공식화 한 것 중에 브레인스토밍(brain storming)이라는 것이 있다. 브레인스토밍은 자발적으로 억제되지 않은 의견을 제시하는 방식을 말한다. 또한 무제한의, 비상식적인 의견을 이끌어 내기 위해 이런 의견에 대해 비판하지 않음을 전제한다. 이를 통해 정책대안의 최초 리스트를 작성한다. 이러한 방식은 가능한, 모든 의견을 포괄할 수 있다. 즉 결정 후에 좋은 대안이 나올 확률을 줄여준다. 비슷한 주장으로 비정상적인 생각에 귀를 기울이지 않으면 진실로 훌륭한 대안을 찾을 수 없다는 주장이 있다.

브레인스토밍은 문제에 대한 수많은 가능한 대안을 찾아내
는 방법이다. 이는 제안된 아이디에 대해 비판 없이 자유로
운 생각과 열린 마음을 사용하는 것을 강조한다. 브레인스
토밍의 목적은 가능한 한 많은 구성원들이 제안의 좋고 나
쁨을 고려하지 않고 가능한 한 많은 아이디어를 제시하는
데 있다.

여기서 기억해야 할 것은, 브레인스토밍의 중요한 개념은
가능한 많은 해결책이다. 이는 표현된 어떤 아이디어에 대
해서 아무런 비판도 허용하지 않는다는 모든 구성원들의 동
의가 있어야 한다. 아이디어의 양이 아이디어의 질보다 훨
씬 더 중요하다.

(1) 브레인스토밍의 목적

문제를 해결하는 가장 좋은 방법은 모든 가능한 해결책을
고려하는 것이다. 어떤 팀이라도 문제에 대한 모든, 생각할
수 있는 해결책을 제시하지 못하는 경향이 있다. 브레인스
토밍은 사람들이 열린 마음을 가지고 문제를 해결하기 시작
하고, 문제에 대해서 명백하고 일상적인 해결책에 집착하지
않도록 유도한다. 명백하고 일상적인 답변은 종종 최상의
해결책이 아닐 때도 있다.

(2) 브레인스토밍의 유형

브레인스토밍에는 구조화된 브레인스토밍과 비구조화된 브

레인스토밍의 두 유형이 있다.

● 구조화된 브레인스토밍: 브레인스토밍의 리더나 촉진자 (facilitators)는 구조화된 브레인스토밍 세션에서 집단을 지도하고 통제하는 정도가 크다. 그리고 각각의 구성원에게 차례로 아이디어를 제시하거나 아니면 다음 라운드까지 그냥 통과하도록 한다. 따라서 모든 구성원은 아이디어를 내거나 그냥 통과하면서 브레인스토밍에 참여해야 한다. 이 방법은 어떤 한명이 논의를 주도하지 못하게 해 주고 적어도 심지어 "통과"라고만 얘기하는 구성원까지도 참여하게 한다. 반면에 일부 팀원들은 주기적으로 응답해야만 하는데 대해서 부담을 느낄 수도 있다.

● 비구조화 브레인스토밍 : 구성원들은 그들의 마음에 아이디어가 떠오를 때 아이디어를 제시한다. 구조화된 브레인스토밍에서처럼 순환적인 토론이 없고, 만약 구성원들이 어떤 생각도 떠오르지 않는다면 "통과"라고 대답할 필요도 없다. 이 방법의 약점은 논의를 주도하는 두, 세 명의 구성원이 있다는 점이다. 그런데 가장 말수가 없는 사람이 최상의 아이디어를 가지고 있을 수도 있다.

(3) 브레인스토밍의 규칙과 절차
브레인스토밍에는 많은 접근법이 있다. 그러나 대부분은 아래의 단계를 포함한다.

- 1단계: 사회자는 브레인스토밍을 해야 할 문제나 과정, 주제에 대해서 설명해야 한다. 기록자는 그것을 기록해야 한다.
- 2단계: 사회자는 브레인스토밍의 간략한 요지와 주요 규칙들을 설명해야 한다.

1. 가능한 한 많은 아이디어를 제공하라
   - 창의적이 되어라(be creative)!
2. 만약 당신이 원한다면 다른 아이디어를 만들어 보라.
3. 절대로 비판을 가하지 말아라.
   (심지어 긍정적인 환류6) 조차도 허용되지 않는다)
4. 모든 아이디어는 제안자가 제시한 단어로 정확히 플립차트에 표기되어야 한다.
5. 모든 구성원들의 아이디어가 바닥날 때까지는 제안된 아이디어에 대해 토론을 해서는 안된다.

사례 13: 브레인 스토밍의 사례

브레인스토밍을 통해 매우 심각한 문제를 해결한 메인 (Maine)주의 작은 마을의 사례가 참고할 만하다.

---

6) 여기서 긍정적인 환류란 예를 들어 " 그 참 좋은 생각이야!"와 같은 칭찬을 의미한다. 역자주

겨울폭풍 때문에 전력선에 얼음이 맺혀 마을전체의 전력공급에 차질이 발생했다. 지역의 지도자들은 문제를 해결하기 위해 브레인스토밍을 시행하기로 결정했다.

"전선에 있는 눈을 치워버리자. 그런데 어떻게 우리가 전선에서 눈을 치울 수 있을까"

"전봇대를 흔들자. 그런데 어떻게 흔들지?"

"전봇대를 흔드는 것은 전봇대가 얼은 땅에 박혀있어 어렵다. 그러나 곰이 전봇대를 올라가게 할 수 있다."

"어떻게 그렇게 할 수 있을까?"

"곰이 좋아하는 꿀단지를 모든 전봇대의 꼭대기에 올려두자."

"어떻게 전봇대위에 꿀단지를 올려놓지?"

"헬기를 사용한다면 전봇대의 상단에 꿀단지를 내려놓을 수 있다."

"어디서 헬기의 도움을 청할까?"

"주 방위군(National Guard)의 헬기를 지원받을 수 있다. 주 방위군은 꿀단지를 내려놓을 수 있을 것이다."

그런데 헬기가 꿀단지를 전봇대에 내려놓지 않아도 문제는 해결되었다. 지역주민의 요청으로 주방위군의 헬기가 전봇대와 전력선위를 비행하자 헬기의 프로펠러에서 발생한 강력한 바람으로 전력선위에 쌓여 있던 눈이 날려 버렸기 때문이다. 겨울잠을 자고 있는 곰을 깨울 필요가 없어졌다.

제리W.쾰러 외 저, 남기범외 역, 조직혁신의 전략, 31-32.

2) 정책델파이

전문가의 의견을 적극적으로 활용하는 방법으로는 정책델파이가 있다. 델파이 기법은 1960년대 초반에 Rand 연구소의 Olaf Helmer, Norman Dalkey, Theodore Gordon이 개발하였으며(Mood, 1983: 272), 그리스의 신탁(oracle)에서 유래하여 명명한 분석기법이다.

(1) 델파이기법의 종류와 공통적 특성

일반적으로 델파이기법에는 **수량적 델파이, 정책델파이, 역사적 델파이**의 세 가지 유형이 있다(Strauss & Zeigler, 1974: 254-257) **수량적 델파이**란 어떤 문제에 대한 수량적 예측을 최소한의 범위까지 구체화하는 것이 목적이다. **정책델파이**는 수량적 델파이와는 다르게 수량적 데이터와는 다르게 구술자료에 의거한다. 이 방법은 어떤 문제에 대한 목표설정, 그 것을 달성하기 위한 정책내용과 그 우선 순위의 결정, 어떤 쟁점에 대한 의견 수렴이나 찬반논의의 설정 등을 추구한다. 반면에 **역사적 델파이**는 Strauss와 Zeigler가 창안한 비교적 최신의 기법이다. 이는 각 분야에서 두드러진 역사적 인물들을 연구하는 전문가들을 대상으로 특정 과거시점에 특정한 문제가 발생하였을 경우 이들이 어떻게 반응, 대처하였을까를 추정함으로써 과거의 특정정책을 재조명하거나, 그것과 다른 가능한 대안을 추구하였을까를 초청함으로써 현재 문제에 대한 역사적 인물들의 조언을 구할 수 있게 하여 해당 분야의 정책결정자들에게 중대한 도움을 줄 수 있다.

델파이 방법의 목적은 집단 상호작용의 이점을 활용하는 것이다. 그러한 이점으로는 광범위한 지식, 상호작용적인 자극, 의사결정에서 위기를 대처하는 집단의 강한 추진력 등이 그것이다. 물론 위에서 언급한 단점을 피하거나 최소화하 해야 한다. 기본적으로 이러한 목적은 특정주제의 전문가들을 대상으로 한 익명의 상호작용절차의 반복, 통제된 환류를 통하여 집단 응답에 대한 통계적 처리 등을 통해 이루어진다. 이러한 공통적 속성을 좀더 자세히 검토해보자.

우선 델파이는 자료나 정보의 획득을 위해 전문가들의 의견수렴에 의존한다. 즉 델파이는 '두명의 생각이 한사람의 생각보다 낫다'는 고전적 전제에 기초 하고 있다.

둘째, 모든 델파이는 주의 깊게 작성된 단계별 설문지에 응답함으로써 진행된다. 그리고 2회 이상의 설문지에서는 그 이전의 설문내용에 대한 답변들에서 추출된 요약된 정보와 환류된 여론을 기초로 작성된다.

셋째, 델파이는 익명성을 보장한다. 이를 통해서 대면 토론에서 나타날 수 있는 바람직하지 못한 집단 의식을 벗어나서 전문가들의 솔직한 의견을 유도할 수 있어야 한다. 위원회식 의사결정에서 나타나는 여러 가지 의식상태, 즉 개인적 혹은 사회적 입장을 의식한 답변을 하거나, 합의에 도달해야 한다는 강박관념 등(이종성, 1988)을 회피할 수 있다.

넷째, 델파이는 통제된 환류와 반복을 사용한다. 반복과정을 통하여 참가 전문가들은 다른 전문가들의 진술과 진술의 근거를 확인한 후 자신의 의견을 재검토하고 수정할 수 있다.

다섯째, 델파이는 이전 라운드에서 나타난 결과를 참여자들에게 알려주고, 다시 평가받는 식으로 여러 차례의 라운드를 거치며 시행된다. 제2라운드 이후부터는 초기보다 의견의 분산이 줄어들고, 중간집중경향이 강해지는 결과를 얻는 경향이 있다. 즉 의견이 타당한 근거에 의해 수렴되는 것이다. 아무런 합의에 다다르지 못하더라도 최소한 의견의 분산을 보다 분명하게 구체화하는 경향이 있다(Gorden, 1971).

여섯째, 델파이는 판단자료들을 추출하고 분석함에 있어서 다른 어떤 방법들보다 더 유용하게 사용될 수 있다. 이는 델파이를 통해 주제에 대해 주의를 집중시킬 수 있게 하며, 멀리 떨어져 있거나, 다양한 배경을 지닌 전문가들이 동일한 문제에 대해 함께 작업할 수 있는 하나의 틀을 제공하며, 정확한 기록들을 얻을 수 있게 하기 때문이다(Enzer, et. als., 1971).

(2) 델파이 기법의 일반적인 시행과정

델파이는 익명성이 보장된 응답, 환류, 응답의 수정 등
의 일련의 과정으로 이루어진다(Bozeman, 340). 이러한
절차를 다음 표와 같이 요약할 수 있다.

[표 6] 델파이의 시행절차

제1단계
문제의 명료화
참가자 선정
제2단계
제1라운드 응답의 분석
후속 질문지의 개발
제2라운드 응답의 분석
후속 질문지의 개발
제3라운드 응답의 분석
제4,5라운드 계속가능
제3단계
최종 예상사태정리
빈도수에 따른 예상사태, 발생일시, 근거정리
백분비분석
대면적 세미나의 개최
최종 결과보고서의 작성

우선 제1단계에서는 예측하려고 하는 주제를 구체화하고, 이에 관련된 전문가를 선택하여 명단을 작성한다. 전문가의 선정은 기존의 발표논문이나 관련 연구자들의 추천으로 판정할 수 있다. 가능한 서로 다른 시각을 가진 전문가를 골고루 포함시키도록 하여, 시각의 편향에 의한 결론의 왜곡현상을 막아야 한다. 또한 광범한 학문영역에 걸친 주제에 대해서는 가능한 각 분야에서 동일한 수의 전문가들을 선정하여 참여시켜야 한다.

제2단계에서는 질문지의 작성과 조사, 분석, 분석결과를 활용한 다음 라운드 질문지의 개발 등의 순환과정으로 이루어져 있다. 그러나 1라운드 조사와 2라운드 조사 이후의 질문지는 다소 차이가 있다. 1라운드의 설문지는 예상사건과 발생일시를 답하게 하는 개방형질문(open-ended question)을 제시하여 해당주제의 델파이에 필요한 정보와 판단을 얻는다. 조사는 필기구와 질문지를 이용한 전통적인 방법과 컴퓨터회의를 활용한 방법도 가능하다. 인터넷을 활용하여 델파이조사를 기획하는 것도 매우 효율적일 것이다. 1차조사가 끝난 후에는 초기의 모든 예측에 대해 일목요연하게 목록을 작성해야 한다. 이렇게 분석된 1라운드 조사결과는 모든 패널리스트에게 제공된다. 물론 익명성의 원칙은 지켜져야 한다. 따라서 2라운드 조사의 질문지는 정보의 제공과 조사의 두 가지 목적을 위해 좀 더 복잡하게 구성된다. 제2라운드 질문지의 응답에 대하여 집중경향과 분산도를 산출하여 이 결과와 해당전문가

의 제2라운드 응답을 환류하여 각 항목에 대한 본인의 예
측을 수정할 수 있는 기회를 제공한다. 만일 다수의 의견
으로부터 극히 벗어난 평정을 수정하지 않고 계속 다수와
의견을 달리할 때는 그 이유를 밝히도록 요청할 수도 있
다. 제3라운드 질문지의 회답에 대하여 집중경향과 분산
도를 다시 산출하고 다수의 평정으로부터 벗어난 의견을
수합한 소수의견보고서(minority opinion report)와 함께
제3라운드의 질문을 반복한다. 참여전문가들의 의견이 어
느 정도 수렴될 때까지 몇 차례 반복한다. 그러나 제2라
운드, 제3라운드 델파이에서 충분히 의미 있는 의견합의
를 구할 수 있으면 바로 해당 주제의 미래예측에 들어갈
수 있다.

제3단계에서는 계속된 각 라운드에서 추출된 내용들을
시기별, 우선 순위별, 빈도수별, 또는 요인분석과 같은 각
종 통계기법을 응용하여 정리한다. 연구자는 중위수
(median)와 사분위수(quartile)에 해당하는 예측시기를
계산해내고 이를 활용하여 발생사건과 최종 예측시기를
정리한다. 그리고 이러한 내용을 중심으로 다시 전문가들
을 초청하여 세미나를 개최함으로써 최종 평가를 보완하
여 보고서를 작성한다.

(3) 델파이 기법의 문제점과 한계

델파이 기법이 보통 매우 예측을 잘 수렴한다는 주장
(Mood, 1983: 272)도 있지만, 델파이의 유용성에 대해서

는 의견이 합치되지 않고 있다. 이와 관련하여 중요한 문제는 델파이 방법이 과학적인가의 여부가 아니라 델파이 방법이 과연 전문가들의 의견을 이끌어내고, 처리하는 보다 비공식적이고 덜 비용이 드는 방법들보다 이점이 있는가의 여부이다(Bozeman, 341). 또한 회전속도가 느린점, 참여자의 편향적인 구성문제(Enzer, et. els., 1971), 공감대 형성과정에서 소수의견이나 창의적인 아이디어가 배제될 가능성(Hogwood & Gunn, 1984: 83), 전문가의 개념과 구성논리의 문제(Sackman, 1974) 등이 제시된다.

3) 국가간 비교를 통한 정책대안개발

국가간의 비교는 현대적이고 전문적인 정책결정에서 필수적인 요소이다. 다른 나라의 정부가 무엇을 했는가를 봄으로써 직면한 문제를 이해하는데 새로운 시각을 제시할 수 있고, 정책을 집행하는 새로운 메카니즘이나 공공 서비스를 전달하는 방식을 개선하는 아이디어를 채용할 수 있다.

이러한 다른 국가에 대한 비교를 하는 방식을 구체적으로 5가지의 단계로 설명할 수 있다(CMPS, *Beyond the Horizon: Using International Comparison in Policy making*).

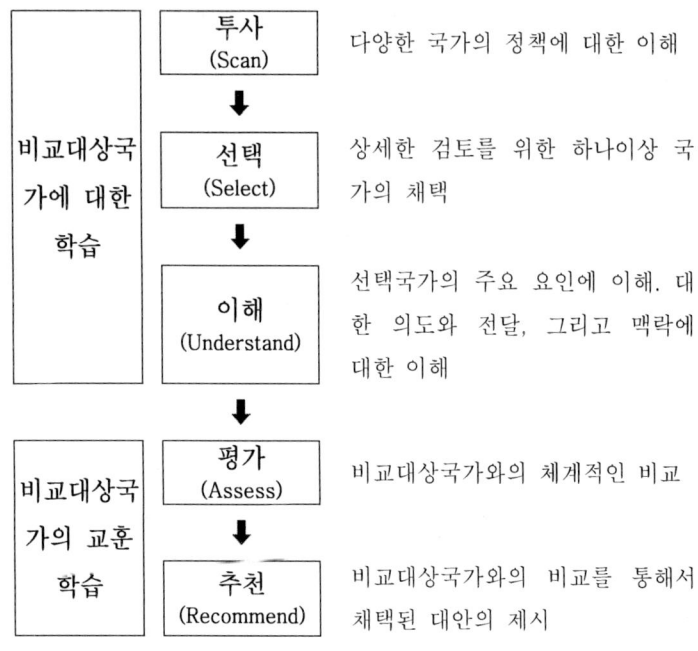

자료: CMPS, 2002, *Beyond the Horizon: Workbook.*

[그림 20] 국가간 비교를 통한 대안개발의 절차

● 투사(scan) 단계는 흥미로운 접근방식이나 혁신적인
개발방식을 위해 폭넓게 여러 국가의 상황을 살펴보는
것을 의미한다. 심층적으로 연구하기는 힘들지만 여러
나라에 대한 선입견 없는, 일반적인 시각을 갖게 된
다. 이러한 작업들을 일상 업무에서 진행하고, 도움을
줄 정보원을 미리 확보한다면 어려운 일은 아니다.

- 선택(select) 단계는 하나이상의 좀더 면밀한 검토대상
  을 고르는 단계이다. 이러한 작업은 비용과 노력, 시
  간이 필요한 일이므로 왜 이러한 방향으로 비교하는지
  를 명확하게 해야 한다. 선택할 수 있는 여러 비교대
  상 중에서 가장 유사한 국가를 선정하는 것이 좋다.
  그러나 매우 다른 나라 또한 가치 있는 교훈을 줄 수
  도 있다는 것도 기억해야 한다.

- 이해(understand) 단계는 비교대상국가의 정부가 일
  을 진행하는 방식을 철저하게 이해하는 단계를 말한
  다. 어떤 정책이나 프로그램도 원인과 결과로 연결된
  주요 요소간의 단순한 모델로 요약할 수 있다. 단순한
  모델뿐만 아니라 정책이 기능하는 아주 상세한 맥락을
  이해할 필요도 있다. 외부인으로서 맥락까지 이해하는
  것이 어려운 일이다. 정보를 제공하는 내부인사와 밀
  접하게 의견을 나누는 것이 필요하다.

- 평가(asess)단계는 비교대상국가의 적합성(relevancy)
  을 평가하는 활동을 수행한다. 비교대상국가의 단순모
  델과 맥락을 우리가 풀려고 하는 문제의 성격을 포함
  해서 우리의 정책 환경과 면밀하게 검토하는 것이다.
  정책허브 사이트에서는 구체적인 방법을 워크북,
  *Beyond the Horizon: Workbook*을 통해 습득하길 제
  안하고 있다.

- 추천(recommend)단계는 이전의 네단계를 통해서 습
  득한 교훈을 제안하는 단계이다. 외국의 해당 정책이

우리나라에서도 성공적일 것인가?의 단순한 문제가 아
니라 부분적으로 성공할 것인가? 외국의 정책중에서
수정해서 실시할 부문은 무엇인가? 수정한다면 효과는
어떨 것인가? 등의 문제에 대해 답을 제시해야 한다.

지침 (Guidelines) - 5	**성공적인 정책대안개발을 위한 지침**
	● 대안은 문제를 해결하기 위한 여러 행동경로를 의미한다.
	● 문제와 목표와 관련하여 대안을 풍부하게 개발할 필요가 있다.
	● 대안을 개발하기 위해서는 과거의 유사한 정책사례를 참조힐 수 있다.(역사 접근)
	● 대안을 개발하기 위해서는 다른 조직의 사례를 참조할 수 있다. 다른 조직은 국내외를 포함하고, 정부와 민간조직을 포함하며, 정부에서도 각 수준의 정부가 비교대상이 될 수 있다.
	● 대안을 개발하기 위해서 창의적인 사고가 필요하다.
	● 위의 세 가지 대안개발의 경로 모두에는 정보가 필수적이다. 정보를 적극적으로 수집하고 관리하는 것이 필요하다.

제 12 장 정책대안분석과 정책채택

개발된 정책대안들은 기초적인 스크리닝을 거쳐 결과예측을 통해 비교 분석하게 될 몇 가지 대안으로 축소된다. 이러한 소수의 대안에 대해서 각 대안을 실행했을 경우의 결과를 예측하여 비교함으로써 정책문제를 해결하고, 정책목표를 능률적으로 달성할 수 있는 대안을 선택하는 자료를 만들어낸다.

1. 정책 스크리닝과 예비분석

예비분석에서 실현가능성을 검토하여 실현가능성이 없는 대안은 아예 결과예측이나 평가를 통한 소망성 분석을 하지 않는 경우가 대부분이다. 그러나 소망성 판단 후에 나쁜 대안을 버리고 훌륭한 대안을 놓고 이들의 실현가능성을 정확히 검토해 실현가능성을 제약하는 요인들을 극복·제거하도록 노력하는 것이 더 바람직하다.

1) 정책예비분석의 개념

정책문제를 해결하기 위하여 정책대안이 탐색·개발된다고 해서 모든 대안이 채택되는 것은 아니다. 무수한 정책대안

들은 최선의 것을 택하기 위해 다시 분석단계를 거쳐야 한
다. 그러나 무수히 많은 대안들을 하나 하나 일일이 분석할
수는 없다. 따라서 무수한 대안 중 중요한 정책대안을 골라
내어 본격적으로 분석하여야 한다. 이 때 분석작업 이전에
행하는 분석활동을 예비분석이라고 하고, 본격적으로 검토
될 대안을 골라내는 작업을 정책대안의 스크린이라 한다.

2) 정책대안 스크린의 기준

 정책대안스크리닝의 기준은 실현가능성과 소망성이다. 실
현가능성은 정책대안이 정책으로 탐색될 가능성과 정책으로
집행될 기능싱을 노무 포함하는 개념이다. 여기에서 고려해
야 할 것은 정치적·행정적·경제적·기술적인 측면에서의 실현
가능성이다.
 실현가능성의 고려와 함께 스크린의 두 번째 기준은 지배
의 원리이다. 이것은 소망성 판단기준에 비추어 우월한 대
안이 다른 대안에 비해서 대안이 가져올 결과면에서 우월한
때 전자가 후자를 지배하는 것을 말한다.

2. 정책대안의 비용과 결과의 분석

 정책대안이 집행 또는 실현되었을 경우에 나타날 결과들을
정책대안의 실현 이전에 미리 예상하는 것을 정책대안의 결

과예측이라 한다. 이러한 결과예측방법에는 합리적·분석적인 많은 기법들이 동원되지만 현실상황의 불확실성으로 인하여 실제로 합리적·분석적인 예측이 이루어지기 매우 힘들다. 여기서는 정책대안의 결과예측방법과 불확실성의 문제 및 이에 대한 극복방안 등을 논의해 보고자 한다.

1) 정책대안의 결과예측 방법

(1) 과거의 정책(정책목록)에 의한 예측(추세연장)

이 방법은 과거와 현재의 상태를 근거로 미래를 예측하는 기법으로 새로운 정책대안이 아니라 과거와 현재의 정책이 그대로 계속되는 경우에 가능하다. 그러나 정책대안의 결과는 시간적·공간적 상황에 따라 달라질 수 있으므로 주의를 요한다.

(2) 모형·이론에 의한 예측

모형은 현실을 그대로 반영하는 것이 아니라 단순화시키는 것이다. 따라서 모형이나 이론으로는 현실에 존재하는 모든 정책효과를 설명할 수 없다.

(3) 주관·직관에 의한 예측

선례나 모형·이론이 존재하지 않을 때 주관적·직관적 판단에 의존하게 된다. 여기에는 새로운 대안을 창출하기 위한 브레인스토밍과 대안의 탐색 및 결과예측에 이용되는 정책델파이 등의 방법이 있다.

(4) 정책실험에 의한 예측

특정한 정책대안을 추진하여 나타날 결과를 모형에 의해 정확히 예측할 수 없을 경우 각각의 대안을 갖고 소규모로 실험을 실시하여 가장 좋은 결과를 나타내는 대안을 선택하는 방법이다.

2) 불확실성과 결과예측

불확실성이란 실제상황과 의사결정자가 이용할 수 있는 수단 사이의 차이를 의미한다. 이것은 대안의 종류·수준을 알지만 확률분포를 모르는 확률적 불확실성과 환경·상대방의 변화가 어떻게 될지 모르는 실질적 불확실성으로 구분할 수 있다. 불확실성 하에서 정책대안의 결과를 예측하기 위해서는 불확실성에 대한 적절한 대처방안이 필요하다. 여기에는 다음과 같은 몇 가지를 제시해 볼 수 있다.

(1) 적극적 방법

적극적인 방법에는 불확실성과 관련된 정보를 수집하는 것, 불확실성의 근원인 환경에 대한 통제가능성을 확보하는 방법, 보험에 가입하여 위험에 대비하는 방법 등이 있다. 우선 정보의 획득방법이 있다. 불확실성을 야기하는 변수들에 대한 정보를 수집하여 불확실성을 줄임으로써 결과를 예

측하는 방법이 있다. 둘째로 환경을 통제하는 방법이다. 불
확실성을 야기하는 환경을 통제 가능한 내생변수화 시킴으
로써 불확실성을 발생시키는 상황 자체를 통제하는 방법이
다. 셋째로 보험에 가입하여 위험에 대비하는 방법이다. 기
본원칙은 보험을 활용해서는 안된다는 것이지만 최악의 경
우 극복할 능력이 없을 때 보험을 이용해 불확실성에 대비
하는 방법이다.

(2) 소극적 방법

 소극적인 방법으로는 최악의 가정, 가외성의 확보, 민감도
분석, 악조건 가중분석 등의 방법이 있다. 첫 번째로 최악
의 가정은 가장 좋지 않은 상황을 가정하여 그 상황에서 가
장 좋은 대안을 택한다. 다음으로 가외성(redundancy)의
확보방법은 반드시 달성해야하는 목표인 경우에는 예측불가
능한 사태에 대비하여 다소 낭비가 되더라도 복수로 준비할
필요가 있다는 점이다. 세전째로 민감도분석(sensitivity
analysis)은 발생가능한 다양한 시나리오를 구성하여 결과
의 변화를 예측한다. 비용편익분석의 경우 이자율을 변화시
킴으로서 미래의 결과의 불확실성을 예측하여 결정에 참조
한다. 마지막으로 악조건가중분석은 가장 우수한 정책의 최
악상태를 가정하여 다른 대안의 최선의 상황과 비교하는 방
법이다.

3. 현금가치의 환산: 미래 편익의 계산

미래의 결과를 예측하는 것과는 별개로 결과를 서로 다른 대안끼리 비교가 가능하도록 단위를 통일시키는 작업이 필요하다. 비용편익분석에서 활용하는 여러 가지 기법들이 관련된다. 비용편익분석은 정책의 비용과 결과를 비교함으로써 최적의 결과를 얻을 수 있는 대안의 조합을 선정하는 방법이다. 단위를 통일할 필요가 없는 대안간의 비교를 의미하는 비용효과분석(CE Analysis; cost- effectiveness analysis)에 비해 비용편익분석(CB Analysis; cost-benefit analysis은 대안의 결과를 현금단위로 통일하여 산출단위가 다른 대안간에도 이를 비교하도록 해준다.[7]

정책대안의 예상되는 편익을 현금으로 환산하는 방법에는 수혜자의 지불의사, 자본가치의 증가액, 실제적이거나 잠재적인 비용의 절감액을 측정하는 세 가지 방식이 있다.

---

7) 비용효과성분석은 단지 비교 가능한 방식으로 편익(예: 대탱크 무기의 경우에 탱크 적중률)을 열거한 후에 이를 비용으로 나누는 방식이다. 비용효과성분석에는 주어진 액수에 대한 산출을 극대화하는 것(예: NASA의 유인인공위성계획은 위성의 체공시간을 비교함으로써 선택)과 주어진 목표를 달성하는데 비용을 최소화(예: 대탱크 요격계획에서 미사일과 탱크의 비용에 적중률의 가중치를 두어 비교)하는 두 가지 유형이 있다. 그러나 비용효과성비율은 편익과 비용을 현금가치로 비교하는 것이 아니기 때문에 전체 수익이 특정 단위사업의 비용을 초과하는지를 밝혀주지는 못한다. 그러나 어떤 행동을 추진하는 경우 산출을 극대화하고 비용을 최소화하는데는 도움을 준다.

1) 지불의사(willing to pay)측정

지불의사를 측정하는 방법은 현재의 수입배분상태를 암묵적으로 인정하고, 사람들이 자신들의 선호와 가처분소득에 의존해서 얼마나 지불하려 하는가를 측정하는 방법이다.

시장가격이 존재하지 않는 경우에는 별도의 방법을 강구해야 한다. 공공재(예: 양로원, 가로, 댐, 국방의 경우처럼 소비가 경쟁적이지 않으며, 배타적이지도 않은 재화나 용역)의 경우에는 시장가격이 존재하지 않는다. 또한 민간재가 파급효과(또는 외부효과)를 가질 때에도 가격정보가 편익을 측정하는데 도움을 주지 못한다. 이러한 경우에는 면접, 대체가격화, 특정가격화의 기법이 사용된다.

(1) 면접(interview)

해당 재화나 서비스가 응답자에게 얼마나 가치가 있는가를 물어보는 것으로 편견을 배제한 응답을 받기 위해서는 응답자의 대답이 그의 지불과 연계되지 않도록 설문을 설계하여야 한다. 그래도 역시 정확성은 의심스럽다.

(2) 대체가격활용(surrogate pricing)

시장에서 교환되지 않는 재화의 가격을, 가격을 갖는 대체할 수 있는 상품을 기준으로 하여 환산하는 방법이다. 예를 들어 수질오염의 개선에 대한 가치를 개선된 수질이 얼마나 많은 관광객을 유치하는가를 통해 대체가격으로 측정하는 것이다. 이러한 방법 중에 혁신적인 것이 클로슨-넷치 (Clawson-Knetsch)기법이 있다. 이는 해변의 가치를 측정하기 위해 그 곳으로 이동하려고 지출하는 개인의 여행비용을 측정하는 것을 말한다. 그러나 여행이 꼭 해안공원을 방문하기 위한 것이 아닐 수 있기 때문에 제한적인 설명력을 가질 뿐이다. 또 다른 대표적인 예로는 방어지출(defensive expenditure)이 있다. 대기오염으로 각 가정은 집 칠을 자주 하거나 정원수에 비료를 더 많이 주게 된다. 따라서 대기오염의 해결이 갖는 가치는 이러한 방어비용의 감소분을 대체하여 사용한다는 것이다. 그러나 앞서의 예에서와 마찬가지로 그러한 방어지출의 동기는 다른 이유에 있을 수 있다는 한계가 있다.

(3) 미리 정해진 가격활용(specified pricing)
어떤 편익에 대해 미리 정해진 현금가치를 부여하여 계산하는 기법이다. 예를 들어 1971년에 미국 수자원위원회는 일반휴양지를 방문하는 것은 0.75~2.25 달러의 가치가 있고, 낚시를 위한 방문은 3.00$~9.00$ 달러의 가치가 있다고 일률적으로 특정화하였다. 이러한 가격은 사전적인 절차를 거쳐 가치를 정하는 것을 말한다. 이는 임의적인 방법이고, 가치에 영향을 주는 다른 요소들을 간과하는 약점이 있다. 따라서 편익을 현금으로 환산하는 다른 방법이 없는 경우에 사용하게 된다.

2) 자본가치 증가분 측정

편익의 현금가치를 사업을 수행함으로써 미래에 개인이나 재산이 얼마나 수익을 증가시키는 가로 설명하는 것이다. 예를 들어 도시재개발의 편익을 재개발로 인해서 얻는 개발이익을 통해서 환산해내는 것이다. 또한 수질개선사업의 편익은 주변 용지의 가격상승을 통해 산출한다. 그러나 동시에 전개되는 여러 사업, 예를 들어 도시재개발, 용도지구변경, 도로유지보수의 개선, 치안의 개선 등의 함께 추진된다고 할 때 각 사업의 편익이 서로 중복되어 있는 경우 한 사업의 편익만을 구별해서 측정하기는 곤란하다. 또한 기준이 되는 재산의 가격을 정확하게 산정 해야한다.

3) 비용 감축분 측정

이는 특정사업이 어떤 목표를 달성하기 위한 비용을 얼마나 줄였는가를 토대로 현금가치를 환산해내는 것을 말한다. 만약 보건복지부에 시행하는 어떤 규제가 국민의 의료비지출을 줄였다면 그 감소한 지출분이 규제의 편익이 된다는 것이다. 그러나 실제 절차는 매우 복잡하다. 예를 들어 도로확장의 경우 연료소비, 교통사고, 통근시간 등이 줄어드는데, 이를 어떻게 환산하는가? 특히 통근시간의 문제는 어떻게 환산하는가? 등의 복잡하고 세부적인 문제들과 관련되어 있다. 실생활에서 교통혼잡비용, 교통사고에 대한 사회적 비용, 환경오염으로 인한 비용 등의 용어가 많이 사용되는데 이러한 용어는 비용감축분을 편익으로 계산하는데 활용되는 비용의 사례가 될 수 있다. 예를 들어 '나홀로차량에 대한 혼잡통행료를 징수함으로써 교통혼잡비용을 얼마나 줄였다'라든지, '차량요일제의 시행을 통해 교통혼잡비용을 얼마나 줄였다'라든지, 혹은 '지능형 교통체계(ITS; intelligent traffic system)의 설치가 교통혼잡비용을 얼마나 줄인다'라는 식의 주장이 가능하다.

사례 14: 부풀려진 교통혼잡비용

교통개발연구원은 매년 전국 도로에서 차량들이 정상속도로 운행하지 못해 손해 본 시간가치, 차량운행비 등을 계산해 혼잡비용으로 발표해 왔다. 1999년에 17조1천억원, 국내총생산(GDP) 대비 3.5% 수준이다. 전문기관의 공식자료라 인용빈도가 매우 높다.

이에 대해 한국조세연구원은 "두배 넘게 부풀린 수치" 라는 보고서를 냈다(도로교통의 외부비용 및 적정혼잡과세, 2000년 12월). 연구자는 "그냥 통계로 발표하고 끝난다면 좋으나 당국에 의해 정책적으로 활용된다는 게 문제" 라며 교통개발연구원의 계산방식을 바로 잡아야 한다고 주장했다. 건설교통부 등이 "매년 땅 위에다 십수조원을 흘린다. 교통혼잡을 제거하기 위해 도로 등에 투자를 늘려야 한다" 는 논리로 활용한다는 것이다.

연구자는 교통개발연구원의 산출과정 중 대도시 도심부 정상 속도를 시속 27㎞로, 도심부 교통량의 76.3%가 혼잡시간대에 주행하고, 손실 시간가치를 임금총액으로 따지는 세 가지 가정에 의문을 제기했다. 그는 "정상속도를 혼잡이 전혀 없는 상태(27㎞/h)가 아닌 사회적으로 적정한 도로이용률을 보이는 수준으로 잡는 게 옳고, 손실 시간가치는 실제임금의 20~40%로 보는 게 학자들의 견해" 라고 주장했다.

자료: 중앙일보

4. 편익비용의 측정과 결정에서의 정치과정

앞의 사례에서 교통혼잡비용을 과다 추정함으로써 많은 예산을 낭비할 요소가 있다는 주장을 살펴보았다. 이렇듯 하나의 현상을 두고 다양한 시각과 분석이 가능하다. 다양한 개인과 집단이 참여하는 정책과정에는 이해관계가 첨예하게 얽히는 경우가 많다. 이러한 경우 비용과 편익에 대한 각 이해 당사자들의 관점과 인식에 상당한 차이가 발생할 수가 있다. 세만금사례에서 확인할 수 있듯이 서로 다른 가치를 지향하는 참여자의 경우는 상반된 주장으로 대립할 뿐만 아니라 객관적인 분석에 의한 비용편익분석의 결과도 다를 수 있다. 이러한 경우 다양한 객관적 분석기법의 존재를 인정하는 가운데 정치적 협상 내지는 조정과 선택이 요구된다 (김태윤, 김상봉, 15), 따라서 실효성 있는 비용·편익분석제도를 정착시키기 위해서는 분석적 기법의 개발과 함께 경쟁

하는 주장과 입장을 소화해서 중재안을 생산해 낼 수 있는
정치적·과정적 절차를 개발하는 것이 매우 중요하다. 이러
한 관점에서 각국의 규제영향분석지침에서 제시하는 투명성
과 자문(Transparent and Consultative)은 매우 중요하다.
OECD는 규제영향분석제도를 성공적으로 확립하기 위한 일
곱 가지 성과기준중에서 6번째로 투명성과 자문을 제시한
바 있다. 이를 위해서는 결정된 편익이 광범위하게 지지를
받기 위해서는 편익을 분석하는 과정에서 자문활동을 광범
위하게 수행하고, 투명한 과정을 통해 측정이 이루어지도록
해야 한다.

5. 정책대안의 선택과 정책집행의 준비

최선의 대안이 결정된 후에는 집행을 준비해야 한다. 집행
을 위한 정치적 지지를 확보해야 하며, 정책형성과정과 결
정에서의 정책의지를 명확하게 전달할 수 있도록 준비해야
한다. 또한 정책집행과정 또한 정책형성과 유기적인 관계를
맺어야 한다. 계속적인 결정과정으로서 정책집행을 의식하
면 정책집행에서의 지속적인 환류가 이후의 유사한 결정에
긍정적인 효과를 얻을 수 있다. 요컨대 성공적인 정책집행
을 위해서는 집행과정뿐만 아니라 정책형성과정도 중요하
며, 또한 각 과정이 별개로 작용한다기보다, 밀접하게 연계
되어야 성공할 수 있다는 것을 염두에 두어야 한다.

지침 *(Guidelines)* – 6	**성공적인 정책대안분석을 위한 지침** ● 여러 대안 중에서 가장 적은 비용으로 가장 큰 편익을 줄 수 있는 대안들을 골라내야 한다. ● 경제적, 합리적 분석이 필요하다. ● 이를 위해 미래예측이 필요하다. 대안의 비용과 편익은 미래 시점의 비용과 편익이기 때문이다. ● 미래예측은 통계적 예측, 이론적 예측, 전문가의 판단 등에 의해 이루어진다. 이미 작성된 미래예측 통계를 활용하는 것도 바람직하다.

제 13 장   정책집행

정책에 대한 연구가 50년대 말부터 시도된 이래로, 주로 정책형성단계에 관심을 두어왔다. 정치적으로 정책이 잘 형성되기만 하면 집행은 자동적으로 실행되는 과정이라고 생각하고 연구에 관심을 두지 않았다. 그러나 1980년에 들어서 정책실패에 대해 관심이 고조되면서 정책집행이라는 블랙박스에 관심을 두기 시작했다. 연구자들이 정책집행이라는 블랙박스를 열어 보니 집행이 과거에 생각했던 단순한 기계적 과정이 아니라 정책결정과 같은 정치적 속성을 지니고 있는 복잡한 과정이라는 것이다. 이러한 복잡한 과정을 다음에서 살펴보자.

1. 정책집행의 의의

정책집행이란 정책형성과정에서 만들어진 정책을 특정한 시간과 공간에서 구체화하고 특정화하는 것이 집행이다. 즉 '어떻게 하겠다'고 하는 의미의 정책을 실제로 실천에 옮기는 정책집행이란 정책형성과정에서 만들어진 정책을 특정한 시간과 공간에서 구체화하고 특정화하는 것이 집행이다. 즉 '어떻게 하겠다'고 하는 의미의 정책을 실제로 실천에 옮기는 것을 집행이라고 한다. 물론 집행상황이나 환경은 정책을 형성할 때와 다른 경우가 많기 때문에 형성된 정책 그대로 집행되는 예는 드물다. 따라서 집행이란 순수한 기술적인 문제라기 보다는 계속적인 문제해결의 과정(exercise in continuous problem solving)이라고 생각하는 것이 옳다. 따라서 집행하는 동안 정치적·조직적 조건이 바뀌어 정책이 바뀐 경우 이것을 집행의 실패로 보지 않는다. 집행을 정부 선호를 밝히는 것, 다양한 참여자(actor)들을 조정하는 것, 권력과 협상을 통해서 순환과정을 형성하는 것(Martin Rein and Francine F. Rabinovitz, 1978)이라는 주장도 같은 맥락이라고 할 수 있다.

이러한 정책집행은 그 의미의 확장되면서 더욱 관심의 대상이 되었다. 전통적인 의미에서 잘 정해진 정책의 단순한 이행이라고 생각했시만, 복잡한 환경 하에서 예기치 못한 변화가 보편적이 되어버린 현대사회에서 집행은 계획의 단순한 이행이라는 의미를 넘어서 정책의 계속적인 재해석이라는 의미로 확장되었다. 따라서 잘 만들기만하면 성공하는 것이 아니라 상황에 잘 적응하면서 집행과 관련된 결정을 여하히 수행하는가가 성공적인 정책과정의 관건이 되었다. 또한 다른 측면에서 정책집행은 정책의도가 직접 실현되는 과정이며, 이 과정을 통해 정부와 국민이 직접 만나게 된다는 점에서 매우 중요한 의미가 있다. 이런 점에서 Lipsky가 언급한 일선관료(1990)가 의미가 있다. 일선관료는 규칙적인 직무과정에서 시민들과 끊임없이 상호작용하고, 관료조직내에서 직무를 수행하지만, 직무의 자율성이 상당히 광범위하며, 시민들에 대하여 끼치는 잠재적 영향력이 광범위하다는 점에서 중요한 것과 마찬가지로, 그들이 활동하는 정책집행의 과정 또한 매우 중요하다.

2. 접책집행의 유형

Nakamura와 Smallwood(1980)는 정책집행자와 정책결정자와의 관계를 기준으로 정책집행을 다섯 가지의 유형으로 분류하여 제시하였다.

고전적 ----- 시대적 관련성 ---- 현대적

| 고전적 | - 지시적 | - 협상자형 | - 재량적 | - 관료적 |
| 기술관료형 | 위임자형 | | 실험가형 | 기업가형 |

작아짐 〈--- 집행자의 재량 ---〉 커짐

[그림 21] 정책집행의 유형

1) 고전적 기술관료형("Classical" technocrats)

고전적 기술관료형은 다음의 세가지 가정에 기초한다. 첫째, 결정자는 명확한 목적을 제시하고 집행자들은 이 목적을 지지한다. 둘째, 결정자는 위계적 명령구조를 형성하고, 집행자에게 기술적 권한을 위임한다. 셋째, 집행자들은 목적을 달성할 기술적 능력이 있다. 다른 네가지 집행유형에 비해 결정자의 통제권이 가장 크고, 고전모형에 가장 가까운 유형이다. 만약 집행에 차질이 생긴다면 그것은 집행가가 정책수행을 위한 기술적 지식이 부족하기 때문이다.

2) 지시적 위임형(Instructed Delegates)

결정자가 목적을 제시하고 집행자도 목적을 지지한다는 점에서는 고전적 모형과 유사하다. 그러나 집행자가 수단을 결정하는데 더 많은 재량권을 가지며 집행이 복잡해지고 정치적 갈등의 가능성이 크다는 점에서 차이가 난다. 기본가정은 첫째, 결정자가 명확한 목적을 제시하고, 집행자는 이 목적에 동의한다. 둘째, 결정자는 하나 혹은 복수의 집행자들에게 목적 달성을 지시하고, 재량권을 위임한다. 셋째, 집행자는 목적달성에 필요한 기술적·행정적·교섭 능력을 가진다. 이러한 지시적 위임형의 집행에서는 집행자가 필요한 전문성이나 기술을 보유하지 못한 경우, 또는 집행자가 복수이고 이들 상호간에 수단에 관한 분쟁이 일어나는 경우, 결정자가 명확하지 못한 목적을 지시하는 경우에 차질이 생길 가능성이 크다.

3) 협상형(Bargainers)

이 유형의 집행에서는 정책결정자와 집행자 사이에 반드시 정책목적이나 수단에 대한 합의가 존재하지 않는다. 집행과정에서 결정자와 집행자간에 협상을 통해 조정해 나간다는 것이다. 이러한 유형의 집행에서는 기술적 실패, 교섭의 실패로 인한 지연이나 집행 불이행, 집행자가 자원만 취하여 자기의 목적을 위해 쓰고, 정책의 목적달성을 위해 노력하지 않는 경우에 차질을 빚게 된다.

4) 재량적 실험가형(Discretionary Experimenters)

정책결정자가 정책수립 능력이 없고, 집행자에게 광범한 재량을 위임하는 유형이다. 정책결정자는 사회문제에 내재하는 복잡성과 자신들의 기술적 한계 등으로 불확실한 상황에서 집행자에게 권한을 대폭적으로 위임한다. 집행자의 전문성 및 지식의 부족에서 기인하는 기술적 실패의 경우, 모호한 정책에서 혼란이 초래되는 경우, 집행자측이 속이거나 자원만 취하는 경우, 집행자와 결정자 양측으로의 책임 분산으로 인한 무책임의 상태로 인해 집행이 차질을 빚게 된다.

5) 관료적 기업가형(Bureaucratic Entrepreneurs)

집행자가 정책결정자의 권한을 장악하고 정책과정의 통제권을 획득한다. 집행자 스스로 정책목적을 수립하고 공식 결정자가 이 목표를 받아들이도록 확신시키고, 집행자는 결정자와 교섭하여 목적달성에 필요한 수단을 얻어낼 수 있으며, 목적을 실행하기 위해 노력하고 실행할 능력도 있다. 관료적 기업가형 집행은 5가지 집행유형중에서 가장 생산적이지만 반면에 가장 위험한 방법으로 독재적이고 권위적인 집행이 될 가능성이 많다.*

3. 집행과 관련된 주요 변수

앞에서 정책집행이 현대사회에서 더욱 중요해지는 이유를 살펴본 바 있다. 여기서는 중요성이 점점 커지는 정책집행을 성공적으로 이끌기 위해서 어떠한 점을 고려해야 하는지를 살펴보기로 하자. 우선 이와 관련해서 몇몇 학자의 주장을 살펴보는 것이 의미가 있을 것이다.

Sabatier와 Mazmanian(1990)은 정책성공에 영향을 미치는 조건을 다섯 가지로 제시하였다. 이론의 타당성, 지침의 명확성, 집행담당자의 능력과 헌신여부, 지지의 확고함, 환경의 안정성이 정책성공에 영향을 미친다고 주장하였다.

[표 7] 정책성공에 영향을 미치는 조건 :
Sabatier와 Mazmanian(1990)

조건1 : 이론의 타당성 계획의 기초가 되는 이론이 옳아야 한다. 즉 대상집단 행동의 변화가 목표상태 달성으로 이어져야 한다. 기술적 타당성에 문제가 있으면, 아무리 순응이 완벽하게 확보된다 하더라도 정책목표가 달성되지 않을 수 있다. **조건2 : 지침의 명확성** 법령(statute)에 있는 정책지침이 모호하지 않아야 한다. 대상집단이 이행할 수 있을 가능성이 가장 크도록 집행과정이 구성되어야 한다. 명확한 정책목표의 내용과 목표간 우선순위,

충분한 재정적 자원, 적절한 담당집행기관, 집행기관간 계층적 통합에 적합한 법령이나 정책결정, 목표달성에 적합한 집행기관의 결정규칙, 후원단체나 고위기관의 광범한 참여가 확보되어야 한다.

조건3 : 집행담당자의 능력과 헌신

집행기관의 장이 실질적인 관리적·정치적 능력을 가지고서 법령에 나타난 목표에 전념해야 한다.

조건4 : 지지의 확고함

계획이 후원단체, 의회지도자나 대통령으로부터 지지를 확보해야 한다. 사법부는 협조적이거나 중립적이면 된다.

조건5 : 환경의 안정성

사회경제적인 상황과 관련하여 시간이 흘러도 법령에 나타난 목표의 우선순위가 안정적이어야 한다. 즉 상충하는 정책의 출현이나 법령의 기술적 이론이나 정치적 지지에 영향을 주는 사회경제적 상황의 변화가 있더라도 현저하게 달라지지 않아야 한다.

Palumbo와 Calista(1990)는 정책의 목표와 실행 사이의 갭(gap)이 발생하는 상황에 관심을 가졌는데 그들에 따르면 다음의 상황에서 갭이 생기고, 이러한 상황에서 정책관료들이 비판을 받게되고, 정책집행이 실패할 수 있다고 주장하였다.

- 정책이 상징적일 때
- 정책이 철저한 프로그램 이론에 근거하지 있지 않을 때
- 사회경제적·정치적 조건의 변화로 제시된 해결책이 일정 시간후 부적절해질 때
- 집행하는 도중에 법에 규정된 것보다 좋은 프로그램이 나 조직적 구조가 발견될 때
- 사업에 할당된 자원이 불충분할 때
- 집행자들이 정책을 수행하는 방법을 모를 때

학자들의 견해와 체계론과 과정론을 혼합한 분석틀과 관련하여 정책의 특성, 집행주체, 대상집단, 환경 등 네가지 범주의 변수를 제시한다.

1) 정책의 특성

정책자체의 성격에 따라 정책이 성공적으로 집행되는가가 영향을 받는다. 어떤 유형의 정책인가에 따라 집행이 영향을 받으며, 또한 정책이 바른 문제인식하에 만들어졌고, 정책내용이 명확하고 일관성이 있는가의 여부에 따라서도 집행의 성공여부가 관련된다. 그리고 정책이 목표를 달성하는데 필요한 방법과 수단이 확보되어 있으면 성공적으로 집행될 가능성이 높다고 판단할 수 있다.

(1) 정책유형에 따라 성공가능성이 달라진다.

정책유형중 정책과정의 참여자를 기준으로 분류한 배분, 규제, 재배분정책, 구성정책 등을 생각해보라. 어떤 유형의 정책인가에 따라 집행과정의 안정성과 표준집행절차가 결정

된다. 그러나 다른 요인보다는 덜 결정적인 역할을 한다.

(2) 정책의 내용

정책의 소망성과 실현가능성에 대한 관련집단의 동의 여부와 정책 내용자체의 명확성과 일관성이 정책집행의 성패를 좌우한다. 정책의 명확성은 정책평가에서 필수불가결한 것이고, 집행공무원에게는 명확한 지침이 되며, 지지자들이 이용할 수 있는 자원이 된다. 또한 집행공무원에게는 반대에 대응하는 구실이 되고, 기관의 산출과 정책목표가 어긋난다고 느낀 행위자에게는 정책목표가 명확해야 이의를 제기할 근거를 가질 수 있다. 또한, 어떤 법령 집행을 부여받은 기관이 그것을 상대적으로 우선시 하도록 하여 새 지침이 기관의 전체적 사업에서 작동하도록 하는 것이 중요하다. 그렇지 않으면 새 지침들은 지연되거나 뒤로 처지게 된다.

(3) 정책집행에 필요한 자원과 수단의 확보

일반적으로 자원과 수단이 확보되어야 정책목표달성이 가능해진다. 정책목표달성의 가능성은 지원되는 자원에 비례한다.

(4) 정확한 문제인식

정책자체가 정확한 문제인식에 기초해서 만들어 졌는가의 여부에 따라 정책집행의 성공가능성이 결정된다. 문제인식이 잘못된 경우에 목표와 대안이 잘못되며, 따라서 집행자체도 실패할 개연성이 커지는 것이다. Dunn(1998: 187)은 정책문제를 잘못 인식하여 이후의 과정이 바른 문제에 집중하지 못하는 오류를 '3종 오류'라고 한 바 있다.

2) 집행주체

새로운 정책에는 헌신적이고 열성적인 집행주체가 필요하다. 따라서 그 사업과 정책의 지향하는 바를 공유하고 그것을 우선시하는 기관이 집행을 담당해야 한다. 그러나 적절한 집행주체를 확보하는 것이 쉬운 일은 아니다. 정책을 집행하는 주체는 주로 정부가 주된 역할을 하며, 중간집행자로 제3섹터 등의 다양한 수체를 상정할 수 있다.

(1) 정책집행주체의 구조와 기능

정책을 집행하는 조직의 구조와 기능이 어떠한가에 의해 정책집행의 성공여부가 결정된다. 분권화의 정도, 의사전달체계의 기능성, 집행기관이 동원할 수 있는 자원, 집행절차의 표준화정도 등이 정책의 성공여부에 밀접한 관련성이 있다.

(2) 정책집행담당자의 능력과 태도

정책집행주체는 능력을 갖추어야 한다. 관리적 능력뿐만 아니라 정치적 능력도 갖추어야 한다. 관리적 능력은 재정적 문제를 처리하고, 사기를 높게 유지하고, 불만이 있는 사람이 없도록 하는 등과 관련된 능력을 말한다. 정치적 능력은 중요한 영향을 미치는 상위기관과 원만한 관계를 유지하고, 반대자나 대상집단을 설득시키며, 지지를 이끌어 내고, 대중매체를 통해 기관의 입장을 표현하는 등과 관련된 능력이다.

이와 함께 정책집행자는 능력뿐만 아니라 강한 의욕과 적극적인 태도도 갖추어야 한다. 그리고 적정한 수준의 재량이 주어져서 집행현장의 특수성에 적응하고, 대상집단과의 원활한 타협이 가능해야 한다.

(3) 집행조직의 문화, 규범

공식적인 구조뿐만 아니라 집행담당기관의 문화와 규범 등도 매우 중요하다. 에를 들어 다른 집행관련기관과의 협조가 여하히 이루어지는가?의 문제와 관련하여, 할거주의 문화에 의해 기간관 협조에 장애가 있다면 해당 정책집행은 성공한 가능성이 매우 적다.

(4) 집행조직간 파트너쉽

정책의 속성상 하나의 정책을 하나의 정부기관만이 관련되는 경우는 매우 드물다. 이와 같은 현상은 정책을 집행하는 상황에서도 마찬가지이다. 따라서 정책을 집행하는 과정에서 많은 기관이 관련되는데 이들 기간관의 협력정도가 집행의 성공여부를 결정할 수 있다. 현 상태의 협력보다 개선을 하기 위해서는 [그림 22]와 같이 리더십, 신뢰, 학습과 성과관리의 요소를 고려해야 한다.

리더십이라 함은 파트너들이 공동의 비전을 공유하고, 자신의 목적을 달성할 때 보다 더 많은 에너지를 쏟아 부을 수 있도록 하는데 필요하다.

신뢰라 함은 파트너들이 서로 책임지며, 위험과 대가를 공정하게 나누고, 서로를 지지함을 의미한다.

건강한 파트너쉽을 위한 8가지 테스트

	전혀 그렇지 않다	거의 그렇지 않다	종종	항상
파트너들은 협동을 통해 실제 결과를 보여줄 수 있다 (Partners can demonstrate real results through collaboration)				
공동의 이익이 각 파트너 자신의 이익에 우선한다 (Common interest supersedes partner interest)				
파트너들은 파트너 문제를 이야기할 때 '우리' 라는 말을 사용한다 (Partners use "we" when talking about partner matters)				
파트너들은 일과 결과에 대해 상호 책임을 진다 (Partners are mutually accountable for tasks and outcomes)				
파트너는 책임과 보상을 공유한다 (Partners share responsibilities and rewards)				

파트너들은 신뢰를 발전시키고 유지하는데 노력한다 (Partners strive to develop and maintain trust)			
파트너들은 그들이 하는 일과 방법을 변화시킬 의지가 있어야 한다 (Partners are willing to change what they do and how they do it)			
파트너들은 파트너십을 개선하는 노력을 경주해야 한다 (Partners seek to improve how the partnership performs)			

자료 : www.lgpartnerships.com/howhealthy.asp

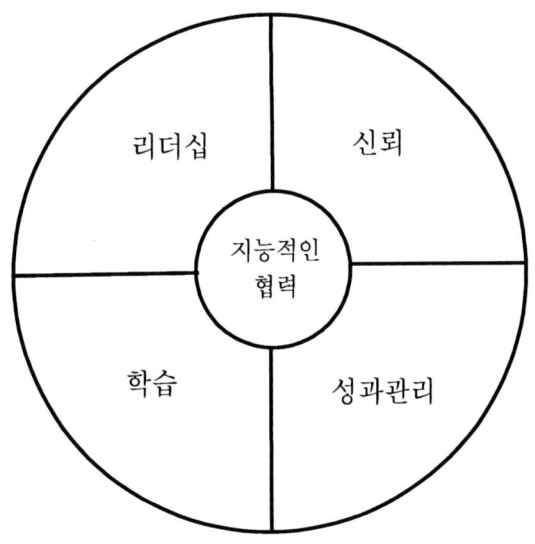

자료: http://www.lgpartnerships.com/digging.asp

[그림 22] 성공적인 파트너십을 위한 조건

학습이라 함은 파트너로 함께 하는 동안 더욱 개선하여 업무를 수행하려고 노력해야 함을 의미한다.

성과관리는 필요한 실행과 자원을 적절한 곳에 위치시키고, 변화를 효과적으로 관리함을 말한다.

3) 대상집단(target group)의 순응(compliance)과 불응 (non-compliance)

정책집행에 직간접으로 영향을 받는 집단을 대상집단이라고 한다. 대상 집단이 정책을 수용하는 여부에 의해 정책집행의 성공여부가 영향을 받는다. 여기서는 불응을 순응으로 유도하는 방법을 검토함으로써, 정책집행이 성공하는 요건을 제시하고자 한다.

(1) 불응원인별 순응확보전략

첫째, 정책 내용이 바람직하지 못하고 실행불가능인 경우에 대상집단이 불응하게 되는데, 이러한 경우에는 정책내용을 수정보완함으로써 순응을 이끌어내야 한다. 원칙적으로는 정책형성단계에 불응의 가능성을 예측하여 충분히 반영하여야 하지만, 일반적으로 사전적으로 모든 문제를 해결하기는 곤란하므로 집행과정에서 적절한 환류과정을 통해 집행을 수정해나가야 한다.

둘째, 정책내용에는 흠이 없는데, 정책대상집단의 이해가 부족하거나 정보가 적절하게 제공되지 못한 경우에 대상집단이 불응하게 된다. 적극적인 PR, 정보공개를 통해 순응을 유도할 수 있다.

셋째, 정책결정 및 집행기관의 신뢰가 떨어지는 경우에도 정책에 대해 순응을 유도하기 힘들다. 이런 경우에는 본질적인 정부이미지 를 개선하는데 노력을 경주해야 한다.

넷째, 정책내용도 바르고, 이에 대해서는 대상집단도 동의하지만, 대상집단에게 과중한 경제적 부담을 지우는 경우에도 불응이 발생한다. 이런 상황에서는 대상집단에게 적절한 수준의 부담완화가 선행되어야 한다.

(2) 순응확보방법

순응을 확보하는 방법은 당근과 채찍(carrot & stick)으로 비유되듯 여러 방법이 있을 수 있다. 대표적으로는 교육과 설득, 유인과 보상, 처벌 및 강압의 방법을 제시한다.

첫째, 도덕적 설득이다. 이는 특정정책에 순응하여 집행하는 것이 국가적·사회적으로나 윤리적·도덕적으로 옳고 좋은 것임을 대상집단에게 인식시키는 것이다. 순응적 집행이 되지 않는다고 하여 먼저 명령과 강요에 의존하는 것은 그렇게 바람직하지 않다. 가능하면 교육. 훈련. 홍보 등의 방법을 사용하는 것이 효과적이다. 그래도 순응을 확보할 수 없다면 다른 방법을 채택하는 것이 바람직하다.

둘째, 유인 또는 보상이다. 이는 대상집단에게 물질적. 정신적 혜택이나 보상을 제공하는 방법이다. 이것도 일단 순응을 확보하는 자발적 방법의 하나이므로 차선책으로 생각할 수 있다.

셋째, 처벌 또는 강압이다. 이는 직접 처벌하거나 처벌하겠다고 위협하여 순응적 집행을 확보하는 방법이다. 이는 비자발적인 순응확보의 방법이므로 결코 바람직하지는 않다. 따라서 가장 마지막으로 그리고 불가피한 경우에 동원되어야 하는 방법이라고 하겠다.

이상의 방법으로 대상집단의 순응을 확보하면 정책집행이 성공적일 가능성이 높다고 할 수 있다.

4) 환경요인

학자들의 견해에 따르면 외부관련자들의 견고한 지지와 안정적인 사회경제상황(Sabatier & Mazmanian: 1990)이 성공적인 정책집행의 필수조건이며, 반대로 일정시간 경과후 사회경제적·정치적 조건의 변화로 제시된 해결책이 부적절해지는 경우 정책결정과 집행사이의 갭이 발생하고 정책집행이 실패할 수 있다고 경고하고 있다(Palumbo, Calista: 1990). 이러한 주장들은 정책집행의 성공이 정책자체와 정책주체, 그리고 영향받는 정책대상집단의 순응여부와 함께 외부 환경요인에 의해서도 많은 영향을 받는다는 점에서 의미가 있다. 이러한 외부 환경으로는 사회경제적·정치적 상황, 대중과 매스컴의 반응, 정책결정자의 지지여부 등과 관련된다.

지침 *(Guidelines)* - 7	**성공적인 정책집행을 위한 지침** ● 집행은 만든 정책을 현실에서 구체적으로 실현해나가는 단계이다. ● 국민을 직접 대면하는 매우 중요한 단계이다. ● 성공적으로 집행하기 위해서는 정책집행주체, 정책대상집단, 정책자체, 정책환경 등의 요인이 중요하다.

제 14 장 정책평가

평가(評價; evaluation)는 특정 대상에 가치를 부여한다는 의미를 담고 있다. 영어적인 의미에서도 평가를 표현하는 evaluation은 '가치(value)를 드러낸다(e=out)'는 의미를 담고 있다. 일상적인 의미에서는 평가대상에 대해 그 가치를 조사하는 것을 평가라고 하는데 정책이론의 측면에서는 어떤 의미가 있는지를 살펴보고, 평가의 대상과 방법에 대해서 논의한다.

1. 정책평가의 의의

정책평가란 넓은 의미로는 정책대안에 대한 사전비교·평가도 포함한다고 할 수 있겠지만, 일반적으로 정책이 결정되어 집행된 결과 또는 집행되고 있는 결과에 대한 사후평가·분석을 의미하는데, 이는 행정과정의 중요한 단계로서 정책결정의 환류장치라 할 수 있다. 즉 바람직한 사회를 만들기 위한 정부개입의 과정, 정부개입에 의하여 산출되는 산출물 및 그 결과들의 장점, 유용성, 가치 등을 정책의 결정과정과 집행이 이루어진 후에 사회과학적인 방법을 포함한 다양한 방법으로 정밀하게 사정하여 미래의 정책결정 및 집행에 반영하려는 회고적 작업 또는 활용이라고 할 수 있다.

간단히 표현한다면 정책평가란 정책내용과 집행, 그리고
그 결과를 정책목표와 관련해서 가치를 부여하는 과정이라
고 말할 수 있다.

2. 정책평가의 목적

어떠한 목적이나 형태로든 정책이나 사업이 효과적으로 운
영되고 있는가에 관한 의식을 가지고 이에 대한 평가를 하
는 것은 발전과 개선을 위해 중요한 요소가 된다. 지금까지
의 정책연구는 정책결정·정책분석의 문제에만 치중하고 정책
집행 후의 평가는 등한시되어 왔다. 그러나 오늘날 정책결
정과 집행에 필요한 정보를 제공하고, 책임성을 확보하기
위하여, 정책과징과 정책에 대한지지를 확보하고, 이론 구
축을 도와 학문적으로 기여하기 때문에 정책평가의 필요성
이 날로 증가하고 있다. 정책평가는 앞에서 설명한 바와 같
은 합리적인 목적으로만 사용되는 것은 아니다. 실제로 정
책평가는 이해관계자, 정책결정자, 전문가, 집행자, 평가자
등이 정당치 못한 이유 즉, 자신들에게 유리한 개인적·정치
적 목적으로 정책을 평가하는 경우도 있다. 이를 흔히 유사
평가라고 부르기도 한다. 예를 들면 기만, 호도, 매장, 가
장, 지연 등이 그것이다. 이곳에서는 합리적인 목적을 중심
으로 좀더 살펴보기로 한다.

1) 정책결정과 집행에 필요한 정보제공

정책결정과 정책집행과정을 주로 사후적으로 평가하는 정책평가는 정책의 추진여부를 결정해 주며, 기존 정책의 내용을 수정하여, 보다 효율적인 집행전략의 수립을 가능하게 한다.

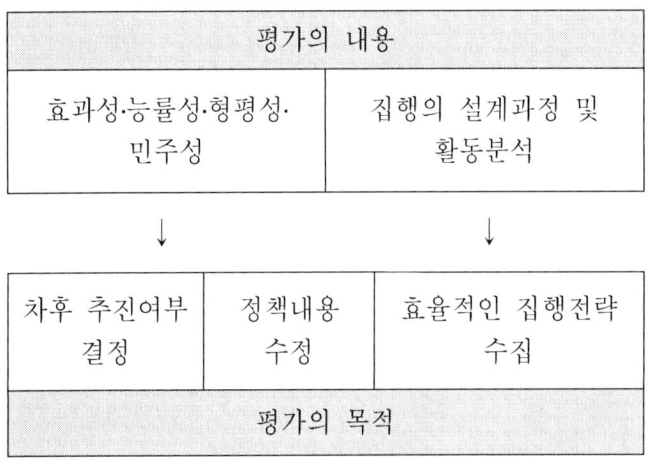

평가의 내용	
효과성·능률성·형평성· 민주성	집행의 설계과정 및 활동분석

차후 추진여부 결정	정책내용 수정	효율적인 집행전략 수집
평가의 목적		

[그림 23] 평가목적에 따른 평가의 내용

2) 정책과정상의 책임성 확보

정책과정은 정치체제의 핵심적 활동이므로 국민에 대해 책

임을 져야 하는 문제가 발생하게 된다. 그것은 국민이 낸
세금으로 정책활동이 이루어지게 되므로 정부는 그의 활동
이나 결과에 대해 궁극적으로 국민에게 책임을 져야 하기
때문이다.

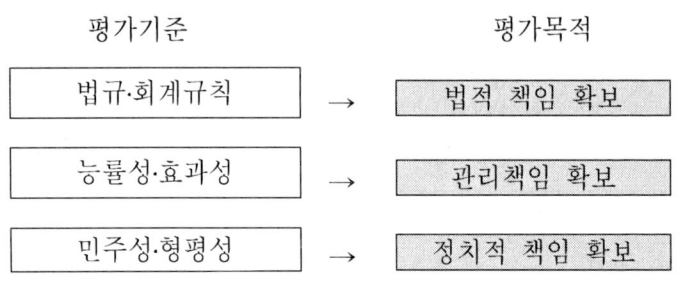

[그림 24] 평가목적에 따른 평가의 기준

3) 이론 형성의 기여

정책평가는 또한 사회과학분야에서 새로운 이론의 개발이
나 기존 이론의 발전에 기여할 수 있는 좋은 수단이 될 수
있다.

3. 정책평가의 유형

 정책평가의 유형을 이해하는 것은 정책결정자, 정책집행자, 정책평가자, 그리고 잠재적인 평가 결과의 활용자 등 모든 사람들에게 중요한 의미를 갖게 한다. 정책의 결정자들의 경우 정책평가의 유형은 어떠한 문제에 당면하였을 때, 그들이 처하고 있는 상황에서 문제의 해결에 도움이 될 수 있는 정보를 획득하기 위하여 어떤 유형의 정책평가를 의뢰할 것인가의 길잡이가 되며, 정책평가자의 경우 평가의 절차와 방법을 판단하는 기준이 된다.

[표 8] 학자별 정책평가의 유형

학 자	분류기준	정책평가의 유형
Glaser & Backer	평가자 소속	자체평가, 내부평가, 외부평가
Michael Scriven	평가 시기	형성평가, 총괄평가
E. A. Suchman	평가 목적	노력평가, 성과평가, 성과의 충분성평가, 능률성평가, 과정평가
D. Nachmias	평가 목적	과정평가, 영향평가

 정책평가의 유형에 대한 학자들의 논의는 다양하게 나뉘어

지고 있다. [표 8]는 그 중에서 대표적인 몇 가지를 다루어 놓은 것이다. 몇 가지 대표적인 유형을 들어보자면 아래와 같다.

1) 총괄평가

총괄평가는 그 평가대상인 목적에 따라 효과성평가, 능률성평가, 공평성평가 등으로 나눌 수 있는데, 그 구체적인 내용은 아래와 같다.

(1) 효과성평가

효과성평가는 정책목표의 달성정도를 의미하는 정책의 효과성을 판단하는 것으로서, 총괄평가의 가장 핵심적인 작업이다.

효과성평가는 ⅰ)의도한 정책효과가 그 정책 때문에 나왔는지의 여부, ⅱ)발생한 정책효과의 크기는 정책목표와 대비하여 어느 정도인지의 여부, ⅲ)정책효과의 크기는 원하는 문제의 해결에 충분한 정도인지의 여부를 판단하는 것인데, 이 중에서도 특히 ⅰ)의 경우가 효과성 판단의 핵심이 된다.

효과성평가를 통하여 의도했던 정책효과뿐만 아니라 부수효과(side-effect)에 대해서도 판단할 수 있다. 효과성평가는 통하여 산출된 정보는 현재 평가되는 정책의 추진 여부의 결정과 정책내용을 수정하는데 필요한 정보를 제공한다.

　(2) 능률성평가

　능률성평가는 투입과 산출의 비율로 표현되는 정책의 능률성을 판단하는 것인데, 정책효과 뿐만 아니라 정책비용까지도 고려하는 것을 의미한다. 정책비용에는 돈으로 직접 계산되는 사업비용뿐만 아니라 정책의 추진으로 인하여 발생되는 사회적 희생까지도 포함된다. 한편 정책비용과 정책효과를 합쳐서 정책영향(policy) 또는 정책충격이라고 부르는데, 정책영향평가란 이러한 정책영향의 추정을 효과성과 같은 논리로 진행하는 평가를 말한다.

능률성평가는 효과성평가 내용 외에도 ⅰ)정책의 직접적 비용은 얼마 만큼인지, ⅱ)부작용이나 사회적 충격을 포함한 사회적 비용은 얼마 만큼인지, ⅲ)정책효과는 비용을 상쇄시킬 만큼 큰 것인지를 판단한다.

　이러한 능률성평가는 효과성평가와 마찬가지로 현재 평가되는 정책의 추진 여부뿐만 아니라 정책내용의 수정에 필요한 정보를 제공한다.

　(3) 공평성평가

　공평성평가는 정책효과와 비용의 사회집단간·지역간 배분 등이 공정한지의 여부를 평가하는 것을 말한다.

2) 과정평가

　과정평가란 '정책집행과정을 대상으로 하여 분석하는 활동'

을 말하는데, 이를 근거로 하여 보다 효율적인 집행전략을
수립하거나, 정책내용을 수정·변경하고, 정책의 추진여부의
결정에 필요한 정보를 제공하며, 정책효과의 발생 경로를
밝혀 총괄평가를 보조하는 기능을 수행한다. 과정평가는 평
가의 내용과 목적에 따라 집행과정평가와 좁은 의미의 과정
평가로 대별되며, 시간적 기준에 따라 형성평가와 사후적인
과정평가로 나눌 수 있다.

(1) 집행과정평가

집행과정평가는 원래의 집행계획이나 집행설계에 따라 정
책집행이 이루어졌는지를 확인하고, 점검(monitoring)하는
집행분석(implementation analysis)을 의미하는데, 평가가
집행 도중에 이루어지기 때문에 형성평가(formative
evaluation)라고도 한다.

[표 9] 모니터링의 기능

기 능	설 명
compliance	관련 법률이나 규정의 기준 절차에 부합 여부 확인
auditing	계획된 자원과 서비스 배분의 부합여부 확인
accounting	집행에 따른 사회·경제적 변화 설명
explaining	사업의 운용방식 설명, 계획과 결과의 차이가 나타난 이유 설명

이러한 집행과정평가는 보다 효율적인 집행전략을 수립하
거나, 정책내용을 수정·변경에 필요한 정보를 제공하며, 집
행요원의 책임성 확보에 기여한다.

[표 10] 모니터링의 종류

유 형	설 명
프로그램 모니터링	1. 원래 집행계획에서의 활동 2. 계획된 인적·물적자원의 투입여부 3. 의도한 정책대상집단(coverage)에 실시되 었는지 여부 4. 법률이나 규정 준수 여부
성과 모니터링	집행활동의 결과인 산출 또는 성과를 주기적 으로 점검하는 것으로 상이한 경우 그 원인 을 찾아내서 시정하려는 것(심사분석제도 따 위)

(2) 협의의 과정평가

좁은 의미의 과정평가란 정책수단과 정책효과간의 인과관
계의 경로를 검증·확인하는 평가를 의미한다. 이것은 정책수
단에서 최종목표까지의 과정을 인과관계의 측면에서 확인하
려는 평가방법인데, 집행 후에 집행과정을 대상으로 하여
이루어지는 평가라는 점에서 사후적 과정평가라고도 한다.

따라서 좁은 의미의 과정평가는 정책활동으로부터 정책목표에 이르는 도중의 중간목표를 포함한 변수들간의 인과관계의 경로를 밝혀 준다. 즉 총괄평가의 핵심이 되는 효과성평가가 정책효과간의 인과관계만을 검증하려고 하나, 좁은 의미의 과정평가는 정책수단(원인)이 구체적으로 어떤 경로(매개변수)를 거쳐 정책효과(결과)를 발생했는지를 파악함으로써 효과성을 보완해 준다.

효과발생의 인과경로를 밝히는 좁은 의미의 과정평가는 정책효과는 어떤 경로를 거쳐 발생하게 되었는지, 정책효과가 발생하지 않은 경우 어떤 경로에 잘못이 있었는지, 보다 강한 영향을 미치는 경로는 없는지를 판단한다.

3) 평가종합

정책평가의 주요 목적 중의 하나는 이미 집행되었거나 집행 중인 정책을 평가하여 얻은 정보를 새로운 정책을 설계하거나 현재 추진 중에 있는 정책을 수정·보완하기 위해 활용하는 것인데, 이러한 목적에 유용하게 활용될 수 있는 평가방법 중의 하나가 평가종합이다. 평가종합(evaluation systhesis)이란 기존 평가들의 방법, 절차, 결과 등이 제대로 되었는가를 검토하고 종합한다는 점에서 상위평가(meta evaluation), 평가의 평가(evaluation of evaluation) 또는 평가결산(evaluation audit)이라고도 하며, 주로 총괄평가에서 적용된다.

미국에서는 정책평가연구에서 평가종합의 방법이 매우 활발하게 이용되고 있으나, 우리의 경우는 아직 1차적 정책평가마저 부진하기 때문에 평가종합에 대한 관심은 아직 미흡하다고 할 수 있다. 다만 현재 국무총리실에서 담당하고 있는 심사평가는 정부의 주요 시책이나 사업에 대한 각 부처의 심사평가결과를 다시 종합적으로 검토·평가한다는 의미에서 이러한 평가종합의 기능을 수행하고 있다고 할 수 있을 것이다.

[표 11] 평가종합의 절차

목적확인 및 연구주제의 설정	기존 평가자료의 수집	평가연구의 유형결정	기존평가연구의 검토	평가종합결과의 재검토
연구의 목적 확인 /목적에 적합한 연구주제 선정	평가수행 기관, 연구소 등 다양한 경로를 통하여 기존 평가자료 수집	가능한 다양한 연구설계를 이용해 기존의 평가연구들 중 중요한 유형의 평가연구 반영	기존 평가연구의 결과에 대해 연구목적, 연구설계, 변수, 자료수집 및 분석절차 등을 체계적으로 검토하여 관련정책 또는 사업에 대한 종합적인 평가	평가종합의 결과가 이용자들의 요구에 적합한 것인가를 다시 한 번 검토

3. 정책평가의 기준

정책을 평가하는 데 사용되는 기준은 평가자에 따라서, 그리고 강조하는 바가 무엇이냐에 따라서 다양하게 나타날 수 있다. 넓게는 정책철학에 입각하여 광범위하게 평가해 볼 수 있으며, 또한 구체적인 지표에 의해서 좁은 범위로 평가해 볼 수도 있다. 이러한 기준들은 대개가 명확히 구분되는 것은 아니며 상호 관련성이 있다. 정책평가의 유형에 대한 논의와 마찬가지로 정책평가의 기준에 대한 논의도 학자에 따라 다양하게 제시되어 있지만 여기서는 Dunn(강근복역, 1998: 490)이 정책분석의 입장에서 논의한 여섯 가지 기준을 바탕으로 설명하고자 한다.

1) 효과성

효과성이란 목표의 달성 정도를 의미한다고 볼 수 있다. 즉 투입을 고려하지 않고 가치 있는 성과 및 효과를 얼마만큼 가져왔는지의 관심을 두는 것을 말한다. 예컨대 효과적인 보건정책은 보다 양질의 의료서비스를 보다 많은 사람들에게 제공하는 것이다.

2) 능률성

능률성이란 주어진 수준의 효과를 산출하기 위해 요구되는 요구의 양을 말한다. 여기에서는 효과성과는 달리 투입을 최대한 줄이는 데 중점을 두게 된다. 예컨대 대기오염의 확산을 막기 위한 환경정책을 수립하는데 있어 진입규제를 할 것인가, 총량규제를 할 것인가를 비용의 측면에서 고려하여 결정하는 경우 등이 그것이다.

[표 12] 정책평가기준

기 준 유 형	관 련 질 문	설명적 기준
효과성 (effectiveness)	가치있는 성과가 달성되었는가?	서비스의 단위
능률 (efficiency)	가치있는 성과를 달성하기 위해서 필요한 노력은 무엇인가?	단위가격, 순이익, 비용/편익비율
충족성 (adequacy)	가치있는 성과의 달성이 문제의 해결에 얼마나 기여했는가?	고정가격, 고정효과
형평 (equity)	비용과 편익이 여러 상이한 집단에 평등하게 배분되었는가?	Pareto기준 Rawls기준
대응성 (responsiveness)	정책성과가 특정한 집단의 욕구, 선호, 가치를 만족시키는가?	시민 survey에 있어서의 일관성
적절성 (appropriateness)	바람직한 성과와 목표가 실제로 유용성과 가치가 있는가?	공공사업도 능률성뿐만 아니라 형평성이 있어야 한다.

3) 적정성

적정성이란 제기된 어떤 문제에 대한 해결 정도를 의미한다. 즉 정책의 실시 결과 어느 정도나 처음의 문제가 해결되었는가 하는 것을 뜻하는 개념이다. 예컨대 남산1호 터널에 교통혼잡세를 부과해서 어느 정도의 교통량 완화를 가져왔는가 하는 것 등이다.

4) 형평성(사회적 합리성)

형평성이란 사회적·경제적·정치적으로 불리한 입장에 있는 계층을 위하여 특별히 배려를 하는 것으로 법률적이라기 보다는 윤리적인 성격을 지니고 있다. 예컨대 어떤 정책을 집행하는데 있어 소득의 재분배, 교육의 평등한 기회 보장 등과 같은 것이 그것이다.

5) 대응성

대응성은 정책이 정책대상집단의 요구를 어느 정도 충족시켰는가 하는 것이다. 일반적으로 효과성, 능률성, 적정성, 형평성 등이 갖추어져 있으면서 정책대상집단의 불응을 가져오는 이유는 바로 대응성을 충족시키지 못하기 때문이다.

6) 적절성

적절성이란 어떤 정책이 지니고 있는 목표나 정책의 결과가 과연 어느 정도나 가치 있는 것이냐를 평가하는 기준이 된다. 대개의 경우 이러한 적절성의 판단기준으로는 지지자의 다수성이나 앞에 제시된 기타의 정책평가기준들의 양호한 상태 등이 거론된다.

4. 정책평가의 방법

정책평가이론에서 가장 중요한 부분의 하나는 평가방법이다. 왜냐하면 평가의 본질이 평가대상인 정책이나 사업의 관심측면에 대한 어떤 확증적 판단을 내리는 것이고, 그렇게 하기 위하여는 타당한 연구설계의 채택, 필요한 자료의 수집, 자료의 분석 및 해석 등의 작업이 이루어져야 하기 때문이다.

이제까지의 정책평가에는 많은 방법들이 적용되어 왔다. 그러나 이러한 방법들의 적용에 있어서는 평가에서 얻고자 하는 정보의 유형보다는 오히려 평가자의 학문적 배경이 더 큰 역할을 수행한 것처럼 보인다. 예컨대 행태과학자들은 실험적 방법을 선호하는가 하면, 경제학자들은 비용·편익평가법 혹은 비용·효과평가법을 즐겨 사용하는 경향을 볼 수 있다. 이들의 공통점은 그들이 사용하는 방법들이 주로 양적 시각

(quantitative paradigm)의 전통을 따르고 있다는 점이다.
그러나 질적 평가방법을 옹호하는 학자들은 의사결정자의 기
대 충족과 과학적 방법의 인과관계적 문제해결의 어려움을
이유로 포괄적·상황적 평가모형을 선호하는 경향이 있다.

[표 12] 정책평가에 대한 '질적 시각'과 '양적 시각'의 비교

질적 시각	양적 시각
1. 질적 방법 사용 옹호	1. 양적 방법 사용 옹호.
2. 행위자 자신의 준거의 틀에 입각하여 행태를 이해하는 데 관심을 갖는 현상학적 입장	2. 개인들의 주관적 상태에는 관심을 두지 않고, 사회현상의 사실이나 원인들을 탐구하는 논리실증주의의 입장.
3. 자연주의적·비통제적 관찰을 이용	3. 강제된 측정과 통제된 측정을 이용
4. 주관적.	4. 객관적.
5. 자료에 근접: "내부자"의 시각	5. 자료와 거리가 있음: "외부자"의 시각
6. 자료에서 파생한 발견지향적·탐색적·확장주의적·서술적·귀납적	6. 자료에서 파생하지 않는 확인지향적·실증적·축소주의적·추론적·가설연역적
7. 과정지향	7. 결과지향
8. 타당성 있는(실질적인, 풍부한, 깊이 있는) 자료	8. 신뢰성 있는(경성의 반복 가능한) 자료
9. 일반화할 수 없음 : 단일사례연구	9. 일반화할 수 있음 : 복수사례연구
10. 전체론적	10. 특정적
11. 동태적 현상을 가정.	11. 안정적 현상을 가정.

양자간의 차이를 조금 더 살펴보자면 다음과 같이 논의할 수 있다. 질적 시각을 견지하는 질적 방법에는 참여관찰법과 심층면접법 같은 연구 전략이 포함된다. 이러한 질적 방법들은 연구자로 하여금 연구대상인 경험적 사회 세계에 관한 직접적인 지식을 몸소 획득할 수 있게 해준다. 질적 방법들은 선정된 문제의 폭보다는 깊이에 주안점을 두기 때문에 선정된 문제를 아주 자세하게 연구한다. 적은 수의 사람이나 사례에 대하여 풍부한 자료를 산출해 낼 수 있다는 것이 장점이라 할 수 있다. 반면에 양적 시각에 입각한 양적 방법에는 실험적 방법과 그의 변형방법 및 비참여관찰법, 표준화면접법 등이 포함되는데, 이들은 모두 표준화된 자극을 사용하여 사람들의 모든 경험을 특정한 반응 범주에 국한시킨다는 데 특징이 있다. 이러한 방법들을 이용하면 한정된 수의 문제에 대하여 많은 응답자들의 반응을 측정하는 것이 가능하기 때문에 자료의 비교와 통계적 통합이 용이하다는 장점이 있다. 이런 두 가지 방법들을 혼용하여 사용하면 어느 한쪽 접근 방법에 의존할 경우에 얻을 수 없는 것을 추가로 얻을 수 있는 이점이 있으나 사실상 방법론상의 많은 문제점들이 있는 게 사실이다.

| 지침
(Guidelines)
- 8 | **성공적인 정책평가를 위한 지침**
• 정책평가는 정책의 제 단계를 수행한 결과의 가치를 밝히는 것이다.
• 정확한 평가가 바람직한 정책과정과 관행을 만드는 역할을 한다.
• 다양한 복수의 기준을 활용하여 평가해야 한다. |

참 고 문 헌

가. 국내문헌

김위찬, 르네 마보안. (2005). 블루오션전략. 서울: 교보
　　문고.
김태윤, 김상봉. (2004). 「비용편익분석의 이론과 실제」.
　　서울: 박영사.
김형렬. (1990). 「정책학」. 서울: 법문사.
_____. (1997). 「정책결정론」. 서울:대영문화사.
남기범, 전주수, 한승준 공역. 제리W.퀼러, 조셉 M. 판코
　　우스키. (2001). 「조직혁신의 전략」. 너와나미
　　디어.
노화준. (1996). 「정책학원론」. 서울: 박영사.
데이빗 오스본, 테드게블러 지음. 삼성경제연구소 옮김.
　　(1994). 「정부혁신의 길」. 서울: 삼성경제연구소.
백제현. (2001). 지방자치단체 상호협력 성공사례 : 광명시
　　환경기초시설 빅딜로 본 지방자치단체간 갈등극
　　복 및 성과. 「지방자치정보」. 2001년 6월 25일.
이백만. (2005). 올바른 의제설정이 올바른 국가를 만든다.
　　「관훈저널」. 2005년 겨울호.
이해영. (1997). 「정책학신론」. 서울: 학현사.
정정길. (1989). 「정책학원론」. 서울:대명출판사.

조형기. (2001). 체험 이벤트가 관람객 몰고 왔다. 도자기
엑스포. 「문화도시 문화복지」. 112호. 한국문
화정책개발원.

Dixit. Avinash, Barry Nalebuff 지음. 류성렬 옮김.
(1995). 「전략적 사고: 예일대학식 게임이론의
발상」. 서울: 다음세대.

M. & R. 프리드먼/김기실 옮김. (1985). 「현상유지의 폭
군」. 서울: 정음사.

나. 외국문헌

Anderson, James. (1984). *Public Policy-making*. NY:
Holt, Rinehart & Winston.

Baker, Therese. (1988). *Doing Social Research*. NY:
McGraw-Hill Book Co.

DeLeon, Peter & E. Overman (1989). "A History of
the Policy Sciences". in Dewey, John (1927).
The Public and Its Problems. Denver: Alen
Swallow

Dror, Yehezkel. (1968). *Public Policymaking Reexamined*.
Scranton, PA: Chandler Publishing Co.

Easton, David. (1953). *The Political System*. NY:
Alfred A. Knopf.

Edwards III, George & Ira Shakansky. (1978). *The*

Policy Predicament. San Francisco, CA: W. H. Freman & Company.

Fitz-Gibbon, Carol & Lynn Morris. (1987). *How to Design a Program Evaluation*. London: SAGE Publications.

Franklin, Jack & Jean Thrasher. (1976). *An Introduction to Program Evaluation*. NY: John Wiley & Sons.

Gerston, Larry N. (1983). *Making Public Policy: From Conflict to Resolution*. Glenview, Illinois: Scott, Foresman and Company.

Hildreth, Labin & G. Moller. *Handbook of Public Administration*. NY: Marcel Dekker, Inc.

Hogwood, Brian & Lewis Gunn. (1984). *Policy Analysis for the Real World*. NY: Oxford University Press.

Hoos, Ida. (1972). *System Analysis in Public Policy: A Critique*. Berkerly, CA: University of California Press.

Huddleston, Mark. (1996). *The Public Administration Workbook*. NY: Longman Publishers.

Kettl, Donald & H. Milward. (1996). *The State Of Public Management*. Baltimore, MD: Johns Hopkins University Press.

Lasswell, Herod. (1951). The Policy Orientation. in

Daiel Lerner & Harold Lasswell(eds.), *The Policy Sciences*. Stanford, CA: Stanford University Press.

Lipsky. Michael. (1976). "Toward a Theory of Street-Level Bureaucracy," in Willis D. Hawley and Michael Lipsky (eds.) *Theoretical Perspectives on Urban Politics*, Engel woods Cliffs, NJ: Prentice-Hall.

Lowi, Theodore. (1972). "Four Systems of Policy, Politics, and Choice". *Public Administration Review*. 33(July-August): 293-310.

Mazmanian & Sabatier. (1983). *Implementation and public Policy*. Glenview: Scott Foresman and Co.

Nakamura. Robert and Frank Smallwood. (1980). *The Politics of Policy Implementation*, New York: St. Martin's Press.

Palumbo. Dennis J. & Donald J. Calista. (1990). "Opening up the Black Box : Implementation and the Policy Process," in D. J. Palumbo & D. J. Calista (eds.) *Implementation and Policy Process*, New York: Greenwood Press.

Pressman, Jeffrey & Aaron Wildavsky. (1973). *Implementation*. Berkely, CA: University of California Press.

Rein. Martin and Francine Rabinovitz. (1978). "Implementation : A Theoretical Perspective", in Walter Dean Burnham and Martha Wagner Weinberg (eds.), *American Politics and Public Policy*, Cambridge, MA: The MIT Press..

Scriven, Michael. (1991). *Evaluation Thesaurus*. London: SAGE Publications.

Sharkansky, Ira. (1975). *Public Administration: Policy Making in Government Agencies*. Chicago: Rand McNally Co.

Smith, Thomas. (1973). *The Policy Implementation Process*. Policy Science, 4(2): 197-209.

Weimer, David & Aidan Vining. (1992). *Policy Analysis*. Englewood Cliffs, NJ: Prentice-Hall, Inc.

Weiss, Carol. (1997). *Evaluation: Methods for Studying Programs and Policies*. Englewood Cliffs, NJ: Prentice Hall Press.

찾 아 보 기

· 저자 ·

남기범　· 약　력 ·
(南基範)　　연세대학교 행정학과 졸업
　　　　　연세대학교 대학원 행정학 석사, 박사
　　　　　치안연구소 연구위원
　　　　　법무연수원 강사
　　　　　연세대, 경원대, 충남대, 덕성여대 강사
　　　　　경기도 공무원 시험위원, 국회 공무원 시험위원
　　　　　옥스퍼드 대학교 객원교수(VS) 역임
　　　　　(현) 성결대학교 행정학과 교수

　　　　　· 주요논저 ·
　　　　　『새내기를 위한 행정학』(공저)
　　　　　『조직혁신의 전략』(공역)
　　　　　『사례중심 다변량분석론』(공저)
　　　　　『로컬 거버넌스』(공저)
　　　　　외 다수

현대 정책학 강의

· 초판 인쇄　｜　2006년 3월 10일
· 초판 발행　｜　2006년 3월 10일

· 지 은 이　｜　남기범
· 펴 낸 이　｜　채종준
· 펴 낸 곳　｜　한국학술정보㈜
　　　　　　　경기도 파주시 교하읍 문발리 526-2
　　　　　　　파주출판문화정보산업단지
　　　　　　　전화　031) 908-3181(대표) · 팩스　031) 908-3189
　　　　　　　홈페이지　http://www.kstudy.com
　　　　　　　e-mail(e-Book사업부)　ebook@kstudy.com
· 등　　록　｜　제일산-115호(2000. 6. 19)
· 가　　격　｜　15,000원

ISBN　89-534-4826-3　93350 (Paper Book)
　　　　89-534-4827-1　98350 (e-Book)